家是動詞

臺灣族群遷徙故事

鄭安睎、蔡承豪、盧啟明、顏杏如、蔡蕙頻、阮氏貞——著

目次

推薦序一：家園故事 臺灣歷史

戴寶村
政治大學臺灣史研究所 退休教授
吳三連臺灣史料基金會 秘書長

人類社會的結構從個人到到家庭、社會而至國家，還有群體的互動以及移動與流動，移動是重要特色之一。我曾以「海洋島民、原住民、移民、殖民、國民、公民」等六民，代表臺灣歷史主體人群的總成表徵，突顯臺灣是由南島語族原住民和漢語系移民族裔形構的國家。人群的移動包括島外、島內過海的移動，以及島內異地的遷徙，不同時期型態的移民造就臺灣社會的異質性與多樣性。本書以變動的家園為核心，串聯不同時期移民現象，產出貫時脈絡的歷史書寫，開拓普及歷史知識——「史普」的新風貌。

本書從原住民談起，原住民的移動有自力與他力因素，早期的埔漢關係，導致平埔族混融入漢人主流社會或遷移，近代以來的原住民在國家政治力及資本主義經濟力衝擊下，從部落移住到成為都市原住民，原住民成為少數且弱勢的族群，吾人應從原住民與外來者對應關係、原住民族群差異以及造成臺灣社會多元性、還有從血緣及文化溯源的「原、元、源」三重觀念，來思考原住民在臺灣社會歷史文化的意義。

清治時代的臺灣移民主要是經濟性質移民，閩粵移民來臺力事農商建立新家園，移民者先天具有追求「不被管之自由」的抗爭精神，因此清治兩百多年間抗清民變不斷，又有福客、漳泉分類對抗迭起，但大致在開臺祖之後三代就在地化，所謂：「一代親，二代表，三代散了了」、「臺灣不認唐山」正是最佳寫照。尤其到十九世紀末期涉外關係頻繁，遭逢異人他者而更加強我群意識，因此一八八四年「西仔反」（法軍攻臺）時出現「西仔來打咱臺灣」之臺灣共同體的概念。一八六〇年代臺灣開港通商是臺灣歷史的重要轉換期，商業貿易使臺灣與世界市場聯結，西洋文化也透過西教傳播導入臺灣，強調本土神學的新教在臺灣南北並進，結合宣教、醫療、教育三大事工，使「番仔教」為臺灣文化注入新元素，馬偕更以「最後的住家」的詩歌對異人異教在地化作最佳的詮釋。

一八九五年日本領臺後，另一波移民進入臺灣，主要是日籍的公教軍警為主及部分商工農漁人士，他們來到南國臺灣後將異鄉故鄉化，如一九二〇年代將很多日本地名移植臺灣，把滬尾（淡水）比擬神戶，草山廣植櫻花，營造北投溫泉浴場，多處山岳也命名為富士山，如八里的尖山和苗栗的加里山等。在臺日人居住生活空間與臺人有別，政策標榜同化主義，實則不鼓勵通婚，日臺共婚到一九三三年才得到法律正式認可，日臺人之間還是存在相當大的差異。終戰後軍人不計之外，有三十二萬多日人引揚返日，只有極少數的一千多人留臺。五十年的「日本時代」促使返國的日人在一九五〇年成立「台灣協會」，連在離島的澎湖日人也在一九六七年成立「台灣馬公會」，牽繫曾是家鄉而實已是異國的情懷。至於日人所留下的建物設施、治理規制、日式語詞、生活文化等殖民遺緒成為臺灣歷史的元素，尤其在八〇年代民主化、本土化之後，再度被重視發掘保存再利用，形構臺灣人一度被扭曲斷裂的歷史記憶。

一九四九年國共內戰潰敗的國民黨政府，在極短時間內播遷約一百二十萬人到臺灣，這是以軍公教人員為主的政治性移民。這群「外省人」在臺灣的居住分布、職業、政經地位、語言和生活文化與在地本省人大相逕庭，但隨著時間推移，藉由共同的教育與生活經驗增強互動聯結，低矮眷村變成高樓新城，芋仔番薯結連理創造新生番芋仔，光復大陸的口號不如在光復南北路的奔逐，政治情勢從「打回去」到「回不去」，開放探親之後逐漸「回了不再去」。進入二十一世紀，這批政治移民進入第三代，也正是「三代在地化」的階段，祖國山河終究是原鄉夢土，立足擁抱踏實之地才是真正的家園。

臺灣在一九九〇年代進入跨國移民階段，包括男性為主的產業移工，以及女性為主的婚姻移民及社福移工，婚姻移民人數達五十多萬，已接近原住民族人口，過去的「四大族群」變成「五族共和」，婚姻移民的新二代已活躍於臺灣社會。跨國移工與婚姻移民和臺灣的經濟、社會息息相關，時時可看到他們的身影，他們是臺灣社會的新成員，也引入新的文化成分，如越南、印尼、泰國等風味飲食最為明顯，當代新移民也突顯臺灣納入全球化的大趨勢。

本書以時序脈絡為經，從人群的移動、互動與變動作貫時性的歷史鋪陳，撰稿者對該主題都專精熟稔，以清新流暢的筆法書寫，尤其是以人群基本結構的家園作歷史敘事，符應我一直在倡議的「你的故事 咱的歷史」（Your story Our history）之宗旨，確實能為推廣臺灣史知識體系的「史普」增加力道，樂見書成流通傳播，爰特撰序為之推薦。

推薦序二：

家是動詞，國家也是動詞

陳偉智　中央研究院臺灣史研究所助研究員

《家是動詞：臺灣族群遷徙故事》生動地描述了臺灣歷史上六個不同族群先後來到這座島嶼，在島內外遷移，最終落地生根的歷史敘事。

書中描繪了原住民、漢人、外國宣教師、在臺日人、外省人與新住民六個族群的移民與定居歷程，展現他們如何將臺灣變成家園的故事。各篇敘事不僅呈現人群遷移歷史的時間深度，也展望當代社會多元共容的廣度。執筆者都是目前這些領域的學者翹楚，他們在各自專精的領域中，將豐富且精闢的研究成果轉化為生動且易於一般讀者理解的歷史敘事。本書作者在講述這些故事時，時時提醒讀者，我們也正在參與將臺灣變成家園的歷史進程。

臺灣作為一個海島國家，從地質時代開始，便是動植物遷移尋找棲地的開放之地。人群的遷移亦是如此，從舊石器時代起，不斷有人群從大陸與其他海島一波波來到臺灣。既然這座島嶼的起源是開放的，那麼在島上「成家」的多元過程和形式也將不斷延續，在未來，島上的家園也將持續更新與開放。歷史從來不是固定不變，而重述歷史往往有其必要。本書以臺灣歷史上各族群的遷移、找到家與建構家園為例，從靜態到動態角度，反映我們對臺灣當代社會的期待。這正是這六篇文章揭示「家」既是名詞也是動詞的關鍵。

從作為名詞的「家」到作為動詞的「家」，臺灣的族群遷移歷程隨著歷史不斷演變，這個動態過程往往與當時國家的角色密切相關。本書六篇族群遷移的歷史敘事中，我們可以看到國家在不同層面對於「成家」的影響。這些故事不僅呈現多元形式的移民與成家歷程，也反映國家的不同角色。國家對於「家」的治理模式，隨著時代變遷與臺灣的民主化而有所改變。

傳統清朝帝國對移民的管理措施時嚴時寬，隨著政策變動、原鄉人口壓力與動亂，許多漢人先後渡海來臺，這些移民加速臺灣平原地帶的農業化，改變許多區域的生態地景與原漢族群關係。日治時期則強化近代國家的領土邊界與人口統治，建立戶籍制度與人口調查，記錄人群的生老病死，並管理人群的定居與遷移。

自日治時期國家確立治理邊界以來，人群的遷移便成為國家治理的重要對象，這個過程延續到戰後，國家的角色在人群遷移中無處不在。過去，國內遷移也需經過官方許可，現在人們則能持護照走遍天下。臺灣曾發生國家將人民排除在外的歷史，如禁止海外異議人士返鄉，戰後部分非自願性移民的遭遇亦源於國家的黑名單。有人想要返鄉，有人急於離開，甚至有人將臺灣視為移民下一個國家的中繼站。過去，國家曾強制統合或排除國民，現在則逐漸朝向接受多元國民的樣貌。過去的國家治理是自上而下，如今國民則能積極參與治理，使國家更加多元共容。新住民與多元成家，使得國與家的概念更加動態化。作為動詞的國家，其角色不僅限於統治與管理，更有可能促成多元家園的型態。

本書中不同遷移者如何在臺灣找到安居之所，並逐漸產生落地生根的「此處是家」的意識，這些歷史敘事並非無法共鳴的他者故事，而是我們自己和我們社群的集體歷史敘事。家園型態並非一成不變，但需要我們共同參與，才能讓這個「家」持續發展，成為一個動態的概念。

導論：變動中的家園

蔡蕙頻

相信許多人都有這種經驗，當別人問道：「你是哪裡人？」時，內心會感到困惑不已，揣測對方問的究竟是祖厝位置、父母親居住老家、自己的出生地，或現在的居住地？

「你是哪裡人？」的另一種問法是「你家在哪裡？」當我們思考如何回答這道難題時，背後其實說明我們對「家」的認知並非單一，而是牽涉到自身或家族在遷徙過程，曾駐足的城市與聚居地，以及個人在認同版圖中攻城掠地的結果。

一、臺灣正在家園

一百多年前，當臺灣的漢人被問到這個問題時，或許不會像現在的我們一樣困擾。我們能試著想像清領時期的臺灣，由於島嶼中央有許多高山，致使短小流急的河川將各地切割成零碎且獨立的地域。當時人們缺乏有效率的交通設施，要動身前往他地時，能利用的交通工具只有牛車、轎子或船，更多時候則仰賴步行。因此，即便是如今看起來不那麼遙遠的距離，當時要抵達卻相當曠日廢時。久而久之，在絕少移徙甚至不曾遷徙的情況下，漢人的「家」與「鄉」幾乎只有現居地與原鄉的差異；隨著移民時間愈久，家與鄉更逐漸指涉同一個地方。至於原住民族，雖然經過幾次遷徙，但放大時間的向度來看，似乎也不算太頻繁。

伴隨著近代化的腳步，現在交通的條件已經遠遠優於清治時期的臺灣，個人的出生地、老家所在的城鎮、公司的地點、住家的位置……都可能是不一樣的，「移動」這件事變得容易之後，「家」不再定著於單一位置，於是「家」的定義慢慢模糊了，成為一種變動的概念。隨著人們不斷移動，「家園」不再只是個名詞，也可能是個動詞。

我們都知道在一九七〇年代，陳其南教授曾提出「土著化」的理論，提供我們認識移民與土地關係的重要觀點。他主張清治下的臺灣已由移民社會（immigrant society）轉型為土著社會（native society），而「土著化」指的正是這樣的過程。〔1〕

陳其南教授以社會群體構成（social group formation）為觀察指標，認為土著化的基本前提，是「土著化前的臺灣社會在心態上仍認同於內地祖籍，而為內地社會的連續或延伸」，許多移民因而透過在新居地複製原鄉社會的文化儀式，來保有對原鄉的認同。然而，隨著移民抵達新居地的時間愈久，在他們落腳、立業、繁衍數代後與原鄉的連結日漸稀薄。早期移民以在中國原鄉祖籍作為社會群體認同的指標，漸漸轉移成以臺灣的居住地來自稱，在血緣意識與祖先崇拜儀式方面也不再想著落葉歸根，而是在臺灣建立新的祠堂與祭祀組織，對臺灣的認同感逐漸增強。

陳其南提出的觀點對我們來說相當受用，他提供一種看待歷史的新視野，這種移民「以臺灣為家」的認同變化，正是這本書名為「家是動詞」所欲彰顯的概念：認同是動態且持續變化的，它可能隨著人群的遷徙產生轉變。本書期待透過六篇文章，呈現六種不同民族／族群先後遷徙到此，在臺灣落地生根的歷程。

只是要先說明的是，貫串本書各篇的重要概念為動態的「移民」（immigrate），意指一群人從某個空間移動到另一個空間的舉措；然而書中，我們援引的「移民」概念，僅是immigrate這個帶有「移入」意涵的詞彙，而不包含「移出」的「移民」(emigrate)。同樣地，此處刻意使用動詞的immigrate，而非名詞的immigration，是因為我們基本上認為「移民」是一個持續不止的動詞，所有人只有先來後到的時間差距。

另外，我們也想稍微擴充這個概念，把它切割成更小的單位：島內移民。在臺灣，人們的移動除了島外移民之外，還有在臺灣內部各地遷徙的「島內移民」，這種「島內移民」在原住民族身上更為明顯，特別是日治時期的「集團移住」。關於原住民「島內移民」的歷史，鄭安睎的文章將有詳細的說明。此種統治者為了方便管理、集中「教化」，強迫原住民從原本的部落集體遷移到新的指定地點，強化對原住民實施日化教育的方式，不僅改變部落間的關係，也破壞各原住民族的傳統祭儀與文化。只要看到布農族等原住民族青年在晚近十幾二十年來，積極溯返祖先之地，重新走上回家之路，就明白當年殖民統治者的政策對原住民文化的斲傷，其影響甚鉅，至今原住民族仍在復原的路上。

二、如何進入這本書？

在這本書中，我們邀請六位學者共同執筆，針對自己長期研究與觀察領域來撰文，追索臺灣史上重要的六大民族／族群遷徙來臺、或在島內移動的足跡，以勾勒出臺灣成為你我家園的歷程。這六篇文章依照民族／族群遷徙的時間先後順序排列，依序為原住民、漢人、宣教師、在臺日人、外省人和新住民。

第一章由鄭安晞教授主筆，談論原住民族的遷移史。鄭安晞提到，早期原住民族各族之間，可能因為爭奪狩獵地盤與耕地發生衝突，牽引族社的移動。日治時期殖民統治者為了便於管理與掠奪資源的需求，在不同時期實施相應的理蕃政策。經過日治前期嘗試後，一九三〇年代，殖民政權開始有計畫推動「集團移住」，分次以不同大小規模遷移原住民族。戰後，中華民國政府的作法與日本殖民統治當局並無太大不同，仍然採取原住民集中移住的態度，差別僅在於戰後原住民族得以選舉自己的民意代表。不過，隨著一九六、七〇年代臺灣社會轉型，原住民族人快速往西部主要城市或衛星都市移動，加上地震、颱風等天災造成地貌改變，在在迫使原住民族遷徙。如何保有維繫原住民族的語言與文化，不被人群移動的洪流沖刷侵蝕，成為原住民族落腳新家園時面臨的難題。

第二章由蔡承豪副研究員擔綱，爬梳漢人移民的歷史脈絡。蔡承豪的博士論文是研究臺灣稻作技術變遷，稻作與漢人移墾的關係密不可分，他對漢人社會的建立與變化也相當嫻熟。在〈原鄉轉漢土〉一文中，蔡承豪從荷西時期談起，細述在政權不斷更迭下，漢人如何渡海來臺建立在臺灣的社群。本文看似從各政權移民政策角度建立漢人社會的形成脈絡，實則背後仍有一條經濟的伏流，那就是臺灣社會對糧食與農耕的需求，讓中國沿海面臨人口緊張與生存壓力的漢人，無視禁令緊弛，不斷冒險渡海來臺謀求生計。從宏觀角度觀看，一方面，從外地移入的漢人社會已然成形，並歷經在地化過程，在各地地名與文化模式等生活細節中，均埋有漢人移墾的痕跡；另一方面，受到生存需求與利益動機驅使，漢人也不斷與島上其他族群拉扯互動。日治時期日本人大規模移入，更映照出一個以漢民族為基底的「臺灣人」群像。

在關注漢人移徙足跡之時，我們也不能忽略百餘年來，同樣在臺灣落地生根的宣教師們。第三章我們邀請到臺灣基督長老教會歷史檔案館主任盧啟明擔任主筆。盧啟明是虔誠的基督教徒，他長期關注日治末期臺灣基督徒「傳道報國」的認同，博士論文以日治到戰後臺灣基督長老教會推行的合一運動為題，結合教友、宣教師與歷史學者的身分，讓他的筆觸更顯深入真摯。

在本章中，盧啟明先從世界的角度切入，闡述在基督教的普世合一運動（Ecumenical Movement）下，臺灣成為基督教海外宣教版圖的一片拼圖。懷著無比熱忱的宣教師們來到這座島嶼傳遞福音，期待與島上人民「共享上帝美好的家園」，這是宣教師來到臺灣的動力。接著，盧啟明聚焦於馬雅各、馬偕、甘為霖與明有德四名牧師的事蹟，關注他們從講臺語、編寫臺語辭典、關心臺灣文史，到積極參與臺灣事務與關懷弱勢的行動。盧啟明探討這群人初來乍到時，如何克服對服侍之地的種種不適應，打破在地人將西方宗教視為帝國主義勢力的偏見，到最終埋骨於此的歷程。換句話說，儘管從世界的角度來看，臺灣並非基督教宣教史上特殊的存在，僅作為他們宣教事業一環；但從臺灣角度出發，宣教師們來到新地，積極融入臺灣在地社會，與在地民眾一同受苦，逐漸視臺灣為家園的歷程卻顯而易見。在普世合一思想的推進下，這群宣教師展現基督教的入世精神，透過社會參與來實現「家園化」願景，也實踐作者筆下「普世即本土」的價值。

日治時期，日本人的先後來到，再次改變臺灣的族群地景。第四章由臺大歷史系教授顏杏如擔任主筆，撰寫在臺日人來移徙的軌跡。顏杏如是研究在臺日人議題的專家，長期關注在臺日人的身分認同問題。在本章中，她從學生時期就讀的母校「明明是臺灣的學校，為什麼會有日本人校友？」的疑惑談起，娓娓道述在臺日人渡海而來，在異鄉展開新生活的過往。日治時期，第一代在臺日人透過組織同鄉會般的「縣人會」相互鏈結，並在異地種植梅、櫻等植株，勉力創造彷彿生活在原鄉的「擬內地」風情。然而，隨著個人「臺灣經驗」日久漸豐、在臺日人二代、三代誕生，在臺日人對臺灣產生一種「故鄉化」情懷。這種將臺灣視為家鄉的認同感，更明顯反映在第二代、第三代在臺日人身上。對他們來說，成長在臺灣這座充滿熱帶風景的島嶼，本來就是極其自然的存在。此外，一九三〇年代，日本學校加強推動鄉土教育，儘管當局目標是在串聯愛鄉心與愛國心，但就結果而言，鄉土教育讓在臺日人更加認同生長的這塊土地，對臺灣的情感日益深刻。

二次大戰結束後，日本人很快被遣返回本國。在政治意義上，臺灣瞬間成為異國。對此，顏杏如說得相當精確，當在臺日人返國後，「抵達後的現實，寄人籬下生活的開始，往往成為鄉愁的起點」。日本應當是日人的原鄉，然而當一些第二代與第三代「灣生」在戰後斷裂的特殊社會脈絡下，面對過去未曾接觸的「原鄉」風土，忽然意識到「故鄉」應該在臺灣。

這份對臺灣的思鄉之情，往後在他們的各種集會與回憶中展露無遺，也在在豐富臺灣家園記憶的內涵。

日本人離開臺灣後，接踵而至的是來自中國各省的「外省人」。在第五章，我將回顧外省人的遷徙軌跡，分成兩條軸線探討外省人如何建構／傳承記憶，以及族群指標如何／為何日漸模糊。

相對於戰前就在臺灣生活的「本省人」，戰後來自中國的移民則被稱為「外省人」。然而，這種稱呼常讓我們忽略外省人族群內部具有高度歧異性。從橫向差異來看，外省人族群存在諸多階層，並非人人都有機會住眷村，每月領取固定物資以確保生活無虞。儘管一些具有達官顯要背景的外省人能享有較優渥生活條件，然而更多外省人位處社會基層，與我的外公一樣貧困艱辛度日。

除了橫向差異，每個世代的「外省人」也存在縱向差異。假使戰爭與流離失所是第一代外省人的共同記憶，到了他們孩子輩時，這種經驗卻不再被繼承。部分外省第二代開始開創專屬的眷村文化，也有不少眷村文學作品在勾勒眷村生活圖像之際，也感嘆眷村的界線延緩外省第二代認識臺灣的契機；沒有住在眷村的孩子，則早一步預習與臺灣人的互動。不過，無論是橫向或縱向差異，當一九七〇年代本土化浪潮來襲，外省人無可避免再次與本省人、以及內心的臺灣／中國認同圖像對話。同時，解嚴後接踵而來的返鄉探親風潮，也讓他們再次修正「原鄉」與「異鄉」的比重。隨著族群界線愈發模糊，外省人終將認同臺灣是他們真正的「家」。

一九八〇年代，臺灣再次出現大規模族群移入。當時，臺商大舉進軍東南亞經商，連帶帶動婚姻移民浪潮，新住民群體逐漸在島嶼扎根。第六章的作者阮氏貞老師來自越南，她從中山大學社會所畢業後，長期在高雄投入新住民母語跟文化教育推廣，除了執編季刊與擔任廣播電臺主持人，也深入關懷臺灣的移工社群在日常生活中面對的法律、社會福利與語言課題。阮氏貞對一九八〇年代以來東南亞移民的變化，以及他們在臺灣生活的困境，比一般人有更深入了解。

在本章中，阮氏貞提醒讀者，現在社會上慣用的「新住民」稱呼，其實歷經一段演變歷程。從過往「外籍新娘」與「外籍配偶」的稱呼到今日的「新住民」，名稱改變背後，反映政府意識到新住民成為當代繼原住民、閩南人、客家人與外省人後的第五大族群。然而，新住民能否融入臺灣社會，關係到「阻力」與「助力」的消長。阻力可能是未必扮演支持力量的夫家，以及社會普遍存在的偏見與歧視；助力則是國家政策帶動的東南亞熱潮；同時，新住民為了教育孩子積極學習中文與就業，也是推動他們在地化的力量。

不過在今日，臺灣政府與民間對已然成型的新住民社群，逐漸發展出新興的政策與相處態勢。有別於過往人們對「在地化」的想像，如今臺灣社會的主流聲音，不再主張「新住民」應以「成為臺灣人」為目標，反而鼓勵他們在本地發揚與傳承母國語言文化。如此一來，新住民的母國文化傳統化劣勢為優勢，他們在新的家園中便如同阮氏貞所說，「並非努力成為一名**非常臺灣的臺灣人**，而是一個散發異國情懷、卻又與在地和諧共生的**新臺灣人**」。她的說法，讓我們對是否變成與居住地的人相同模樣才算落地生根，以及對於化異鄉為故鄉的議題，多了另一種想像。

三、多元成家？家與鄉的辯證反思

綜觀臺灣史上幾波人群移動歷史，我們可以很快歸納，促使人群移動的因素，都來自原鄉的「推力」，以及新居地的「拉力」。「推力」將人們推離原鄉，移往他處；「拉力」則將離鄉的人群吸引過來，讓他們定居在此。本書將作者對於「推力」與「拉力」兩股力量的觀察，具體化為兩個問題，其一是「為何離鄉」，其二是「何以為家」。前者是移民的動機，後者則是對家園認同從誕生到深化的探討。

透過各篇討論，相信讀者一定了解到人群的移動有很多不同的動機或理由，最常見到的是經濟性動機，意指受到在原鄉無法紓解的經濟壓力影響，民眾移居到較容易謀生的地方求生逐利。這背後或許摻雜一些官方明示暗示的鼓勵，但相對來說移民還是屬於志願或半志願，因此這樣的移民也被常被認為具有冒險犯難的性格。

除此之外，移民的動機也可能跟族群的糾紛、遭統治者強制遷徙、躲避戰禍、宗教追尋，或自然災害驅使等因素有關。基於此類動機展開遷徙的人們，在促成移居的因素解除以前，通常回到原鄉的機率較低，而且如果遷居時間已久，即使這些因素已消失，也未必能再回到原鄉。

至於我們如何認定移民們來到臺灣以後，確實以當地為家？也就是說他們的「家園認同」指標為何？一切是如何轉變的？

為了回應這個問題，我們再次回到「家」與「鄉」的差異上進行思索。我們發現，過去人們常使用的「家鄉」一詞，在本書中有更細緻的意義。「家」是此刻所居之地，也是個人心靈的歸處。在個人認同上，家是由遠而近、由陌生到熟悉的終點。而「鄉」是先祖父執所在之地，是個人遷徙的起點。隨著離開的時間日漸長久，個人對鄉的認同可能會由近而遠、由熟悉轉為陌生。「家」與「鄉」因此既相依而生，又未必是相同的概念。

因此，我們觀察移民們到新居地時，一開始會移植原鄉的自然風景、時間作息、生活習慣與民俗文化。將舊日時光盡可能複製到新生活，在新居地尋找或建構舊時情懷乃是人之常情。不過，由於自然條件與人文背景不同，舊時模樣不太可能完全被複製，移民被迫配合在地的物產與風土，因地制宜，審時度勢，在援引自原鄉的時空感中，一點一滴摻入新居地的元素，涓滴成河，經過長時間演變之後，成為一種有別於原鄉的生活情調與文化習慣。於是「異鄉」逐漸成為「家園」，「移民」，甚至是當年為了躲避戰禍或政策性遷徙的「遺民」，也終將成為「居民」。

不過，我們也必須留意的是，「家」與「鄉」雖是不同的概念，有時卻非衝突的對立選項。例如一部分的原住民在原住民族文化復振的浪潮下產生覺醒意識，進而回頭追索自己的原鄉便是如此。另一方面，這種「家」與「鄉」共存的現象，在新住民的案例中尤其清楚。由於新住民是臺灣族群遷移的歷史上最晚近抵達的群體，作為「家」的臺灣色彩，與作為「鄉」的母國元素，兩者在新住民生活習慣與文化認同上的共構相當明顯。在他們身上，「家」與「鄉」更像軸上的兩端，個人的認同在兩者間不停位移，不同的只有比重的高低。只是，經過了二、三十年，新住民早已不「新」，有些人的臺語早說得比土生土長的臺灣人更好更溜，子代使用華語的程度和其他人不相上下，在時光不停向前推進下，他們以及自己的下一代、下下一代如何看「家」與「鄉」的關係，是值得我們持續關注的課題。

過去對家園的認知轉變，在歷史的脈動中看來流動緩慢；而今隨著科技的發達，人們移動與訊息傳遞的速度早非同日而語。過去阻礙各族群交流的限制逐一消失，原鄉經驗與記憶也隨荏苒時光逐漸遠去、淡薄，這些因素都促使我們不斷刷新有關家園的認知。人們對家園的想像不再像過去一樣，以族群、語言、文化、政治傾向為指標，取而代之的是性別、世代、教育背景、政治選擇、個人生命經驗等，這些都更細緻化地組織每個人對家園的想像。因此，如果說這本書的每一篇章是臺灣作為家園的「前世」，那麼「今生」還在持續更新，家園的內涵依舊變動不止，而這也正是這本書名為「家是動詞」的理由。

最後，感謝衛城出版副總編輯洪仕翰及編輯繼昕的努力，他們未曾放棄出版這本書，其熱忱與理念在書市艱難的今日是多麼珍貴而難得。在「異鄉家鄉化」的路途上，總有許多看得見與看不見的多重界線，如果能更細緻地留意這些界線，並關照一個人處於這些界域中什麼位置，就更能理解並包容彼此的不同，更加珍惜我們的臺灣。

[1] 陳其南，〈臺灣的本土意識與民族國家主義之歷史研究〉，《傳統制度與社會意識的結構——歷史與人類學的探索》（臺北：允晨文化，一九九八年一月），頁一七二。陳其南，〈土著化與內地化：論清代臺灣漢人社會的發展模式〉，《中國海洋發展史論文集》第一輯（臺北：中央研究院人文社會科學研究中心，二〇〇五年），頁三三五—三六六。

第一章：臺灣原住民的移動

鄭安睎

前言

有文字記載下的臺灣歷史，僅僅數百年而已，但我們不妨將臺灣的歷史縱深再往前延伸。事實上，早在一萬五千多年前（一說為三萬到五萬年前），就有人居住在臺灣這座島，像是臺東縣長濱鄉八仙洞便曾出土舊石器時代的文化遺跡。遠在全新世中期（距今約五千年前），臺灣與大陸間雖然因為海水上升形成阻隔，但仍留下豐富文化。當時來來往往的族群為數眾多，只是未被有系統歸類、命名。

舉凡人類活動的空間分布可分成水平與垂直方向，但兩者都受限於自然環境與相互影響的文化生態條件。在還無法突破生產工具的限制時，惡劣的氣候、地形與植被等環境因素，都大大限制人類活動的範圍。隨著垂直高度增加，則伴隨食物減少與氣溫降低，同樣限制人類大規模活動範圍。日籍人類學學者鳥居龍藏就曾指出：

高山族之居住地，雖有最高達一七〇〇、一八〇〇〇公尺，但甚少形成部落於二〇〇〇公尺以上，蓋因其高度，勢必影響農作物之耕作，據謂超過二〇〇〇公尺，則無幾收穫。此一高度，即表示自然生活之人類居做之界限也。山地之先史時代遺物，亦大體散布於現在高山族所居住高度之界限內。〔1〕

近三十多年來，成功大學考古學研究所所長劉益昌教授、中研院史語所陳仲玉研究員等人，都曾在山區發現許多考古遺址，據以推斷臺灣人類居住的極限可達兩千公尺。劉教授還曾在雪山西稜志樂溪上游、海拔兩千九百五十公尺處，發現二十多座壘築的房子構成小型聚落，當地也有許多生活遺跡，疑似是目前海拔最高的聚落遺址。而武陵農場的七家灣遺址、濁水溪中游的曲冰遺址，以及為數眾多的原住民舊社與考古遺址，也證實人類在山區移動與

雪霸國家公園轄內七家灣考古遺址。（圖片來源：鄭安睎）

濁水溪中游曲冰遺址。（圖片來源：鄭安睎）

生活的證據。人類的活動遺跡可能在山區的高位河階地、緩坡地都曾出現過。

除此之外，中央山脈兩側的緩稜線與河谷，是臺灣不同原住民族往來的交通孔道。例如大安溪、大甲溪與蘭陽溪是泰雅族遷移的路線之一；濁水溪中、上游各支流作為布農族遷徙居住的要道。當然，不同原住民族在遷徙過程，因為狩獵地盤與耕地的爭執，免不了產生衝突，因而發生規模大小不一的戰爭，留下今日所知的古戰場。像萬大南溪與馬太鞍溪附近，自古便是賽德克族與布農族的爭戰場域。昔日的臺東內本鹿地區，更是布農族郡社群從排灣族與魯凱族手中奪下的土地，最終兩方才議定界線，這般古戰場不勝枚舉。

但對原住民族來說，最重要的文化遺址莫過於聖山、發源地與舊社遺址。如排灣族與魯凱族將大武山（排灣語：kavulungan）視為聖山，泰雅族將大霸尖山（賽德克族的白石山【Rmdax tasing】、太魯閣族的牡丹岩【Pusu Btunux】）當作聖山。這些聖山或發源地具有某種神秘與禁忌魔力，並非隨時隨地能造訪，但外來的登山隊伍常破壞此一禁忌。

人類的移動按照意願可約略分為自願、半自願與非自願三種，前兩類的界線有時很難被明顯區分，非自願則屬於強迫性移動。根據考古資料顯示，臺灣的原住民族有「島外移動」與「島內移動」兩種類型。冰河時期，中國與臺灣兩地發生的原住民族群遷徙，或者以臺灣

日治時期的大霸尖山。（圖片來源：鄭安睎）

從舊好茶部落望北大武山。（圖片來源：鄭安睎）

為中心向大西洋洲的島嶼擴散，皆屬於「島外移動」類型。「島內移動」則是進入臺灣島內，由平地向山區移動，或者西部向東部、東部向西部移動等，當然也有臺灣鄰近島嶼間的跳島式移動。

臺灣進入歷史時期後，政治力量的介入讓原住民族的移動加劇。從荷治時期到清治時期，受到較大影響的是平埔族，日治時期後則以山區的原住民族被影響更多。尤其是前期臺灣總督府的隘勇線推進與包圍，以及中後期的集團移住政策，對原住民族的居住、遷徙、通婚、文化都造成劇烈影響。到了戰後，國民政府則延續日治中後期的移住政策，繼續將原住民族遷移到山腰或河階地等處居住。

一、十六到十九世紀的移動

（一）平埔族群的移動

荷治時期，位於今嘉南平原平埔族群中的西拉雅族有五大社群，包括新港、目加溜灣、蕭壟、麻豆、大目降等大社。一六二九年，新港社族人與荷屬東印度公司最早發生戰役。之後從北到南，雙方先後展開七場大小戰事。學者康培德曾提及，荷蘭治理原住民的政策，包含設立地方議會、村社首長制、年貢制度、贌社制度、農業改革等，此時期也實施最早的平埔族群集團移住計畫。除了受到戰爭威脅而遷徙，官方計畫性農業墾殖以及漢人的土地開發，也是平埔族人被迫移動的主要原因之一。

到了鄭氏王國時期，統治者實施的土地制度對平埔族造成較大影響。鄭氏領有的耕地分成官田、私田與營盤田，換言之，原先平埔族人活動的土地被歸為軍方所有或轉成私人經營。儘管鄭氏父子統治時間較短，但對平埔族採取更高壓統治，並發起多次征戰。

從荷治時期開始，臺南平原的平埔族群五大社受到治理者土地政策與漢人移墾影響，紛紛向臺南、高雄等山區移動數次，耗費相當長時間。例如新港社群往今日的臺南永康、歸仁、龍崎、左鎮、山上、高雄的田寮、內門與旗山等地移動。麻豆社群移動較少，大約在今日麻豆、下營、鹽水與官田移動。目加溜灣社群在臺南善化、大內、山上、官田、玉井等地移動。蕭壟社群在佳里、將軍、西港、七股一帶遷徙。另有大武壠系統，被稱為四社熟番，[1]則從善化與大內一帶遷徙到玉井與南化，再前往甲仙、六龜與杉林一處。

高屏區域有馬卡道族的大傑巔與鳳山八社兩社，原先居住在鳳山地區與高屏溪流域。大傑巔社原先分布於高雄湖內，後往阿蓮、內門、田寮、旗山與燕巢等處移動，因為漢人與新港社群緣故，又往六龜、甲仙、杉林等地遷徙。鳳山八社則在高雄大社、屏東屏東市、萬丹與林邊一帶遷居。十九世紀開始，鳳山八社一個支系遷徙到恆春、滿州等地，二十世紀初前後又移往花蓮富里。

中部的平埔族有洪雅、巴布薩、道卡斯、巴宰、噶哈巫等族，原來住在臺中、雲林、嘉義等地。清領時期，中部的平埔族曾與統治者交戰數次，例如在一七三一年發生的大甲西社抗清事件，[2]造成平埔勢力急速衰退。十九世紀初期，中部大部分平埔族人多往南投埔里移動，也遇到原漢衝突的郭百年事件而侵墾內山埔地，[3]另有一支在嘉慶年間往宜蘭羅東等處移動。

北部的平埔族群包含凱達格蘭族與噶瑪蘭族，清代迫於漢人拓墾與進逼，有些族人往山區移動。原本分布在蘭陽平原的噶瑪蘭族，受到吳沙入墾勢力漸衰，從十九世紀初葉開始漸漸往花蓮移動。一八七七年，噶瑪蘭族又因為吳光亮軍力所迫，[4]讓出加禮宛一帶土地，往更南的海邊居住，與阿美族混居在一起。

1 大武壠（Taivoan）或被稱大滿族，清朝文獻稱為「四社熟番」或「倚山熟番」，目前主要分布在臺南玉井盆地，包含大內區、山上區，或高雄兩地區的丘陵、河谷地帶，也有部分族人遷移到花蓮縣玉里鄉等處。

2 大甲西社事件，又稱大甲西社抗清事件，發生於清雍正九年至十年（一七三一年—一七三二年），是由臺灣道卡斯族崩山八社，包括大甲西社在內發起的反抗行動。當時，淡水同知張弘章為了建造衙署，強徵原住民上山伐木，並縱容家丁侵擾當地婦女，引發崩山八社不滿。一七三二年一月二十一日，大甲西社的林武力聯合其他社民，襲擊淡水同知衙門，造成衙署焚毀、官兵死亡。清廷隨即派兵鎮壓，但事件平息後，清軍採取懷柔政策，給予歸順者布匹、鹽和米，最終各社陸續投降，只有大甲西社抵抗到五月才投降。這次事件後，崩山八社的勢力受到削弱，無力再度發動反抗。

3 郭百年事件發生於清嘉慶十九至二十一年（一八一四年—一八一六年），地點在今南投縣埔里鎮、魚池鄉與水里鄉的水沙連邵族地區。事件起因於漢人勾結通事、土目等官府人員，藉故申請墾照，非法侵占原住民土地。一八一五年，郭百年取得墾照後，率眾在水沙連地區大規模開墾原住民土地，進一步進犯埔里社。雙方在今茄苳腳覆鼎金對峙，漢人以詭計取得優勢，趁機攻擊部落，燒殺掠奪，致使埔里社壯丁攜家人遷至他處避難。一八一六年，官府介入，命令侵占者撤離，並拆毀非法墾地的設施。事件結束後，邵族原住民才得以回到故土，但埔里社自此衰落。事件導致邵族原住民聯合西部平埔族，共同抵禦漢人侵擾。

（二）山區原住民的移動

臺灣原住民的發源或起源聖地可分成三種系統，第一種屬於「海外渡來說」系統，阿美族與雅美族（達悟族）都盛行此說法。第二種屬於「海岸起源說」，臺東的卑南族、阿美族與排灣族，都以臺東太麻里鄉三和村公路旁的Panapanajan為發祥地。第三種屬於「高山發祥說」系統，例如鄒族、拉阿魯哇族、卡那卡那富族都以玉山為聖山，泰雅族、賽德克族、太魯閣族與賽夏族也各自有聖山傳說，屬於典型的高山發祥說系統。

一九三五年，日本學者移川子之藏在《臺灣高砂族系統所屬の研究》一書依照泰雅起源傳說地，將泰雅分為Seqoleq、Tseole和Sedeq（賽德克亞族）等三種系統。根據移川調查，Seqoleq始祖的起源傳說地為Pinsebukan，位於今南投縣仁愛鄉瑞岩村臺地上，Tseole的系統為Papak waqa（大霸尖山），Sedeq則為Bunohon（白石山）。其中，Seqoleq和Tseole被合稱為泰雅亞族，Sedeq系統被分成東Sedeq和西Sedeq兩群，東Sedeq群為今日的太魯閣族，西Sedeq群則為賽德克族。

十七到十八世紀，泰雅族原先居住在今南投北港溪與濁水溪上流，之後東Sedeq群從濁水溪越過中央山脈，前往花蓮秀林遷徙。Seqoleq亞族從位於北港溪上游的家鄉朝北移動，逐漸移至大甲溪上游，之後分成三支繼續移動。其中一支向東越過中央山脈到今和平北溪流域，一支朝東北移入蘭陽溪上游，一支越過雪山山脈向新竹、桃園、臺北等地移動，這讓Seqoleq成為住區分布最廣的一系。Tseole系統從北港溪向東西移動，向東遷徙者在宜蘭與Seqoleq亞族雜居，向西遷徙者則順著北港溪移動，也向南移居萬大溪上游，與埔里的平埔族跟布農族競爭。但由於發展受挫，他們只好向北，逐漸往大甲溪中游移動，再朝北突破雪山，進入大安溪賽夏族領域，並繼續朝苗栗、新竹的淺山地區擴展。

泰雅族有著Lmuhuw的口傳敘述傳統，這是一種透過耆老吟唱，夾帶祖先人名、山名、地名與歷史傳說事蹟的古調。Lmuhuw是泰雅族迎親嫁娶與確認族群關係的重要根據，也是追溯該族群起源的重要口述史料。

賽夏族主要分成北群與南群，前者分布於新竹縣五峰鄉境內，後者則位處苗栗縣南庄鄉境內，另有一部分族人住在苗栗縣獅潭鄉一代。若談到賽夏族的民族歷史，南北兩群都屬

4　吳光亮（一八三四年—一八九八年），廣東省南韶連道韶州府英德縣人，清代臺灣總兵，曾奉令開鑿清代八通關道路，其率領部隊被稱為飛虎軍，在開山撫番引發的戰役中，多次與臺灣原住民交戰。

海岸起源說，北群以香山與新竹之間為發源地，南群則以後龍與竹南一代為起源。雖然有部分族人可能受到泰雅族影響，以大霸尖山為起源地，但這並非通論。

布農族分成五大社群：郡社群、巒社群、卡社群、卓社群、丹社群，各社群有其自身的Atsang Lainga傳說，Asang Lainga為本社與舊大社之意。對於本社的祖先居住地，巒社群的傳說記載為彰化鹿港，郡社群傳述在林杞埔（今南投縣竹山鎮）、斗六與南投等地，但這些地名都不是出自布農語。布農族在遷入山地前的原居地，應為臺灣西部平原一帶的Lamongan，大約位於今南投社寮、名間地區。幾年前，布農族人將Lamongan定位於福爾摩沙高速公路的南投服務區，服務區有Lamongan的明顯地標。

後來，各個社群為了尋找新獵場與耕地，逐漸往中央山地移動。在移動過程也曾與鄰近部族如太魯閣族、泰雅族、鄒族、阿美族、魯凱族等互相爭奪領地。日治時期，移川子之藏歸納出三條布農族遷徙路線。第一條路線根據巒社群、丹社群與卓社群口傳，為原先居住在西部海岸的社群向Lamongan移動，他們從斗六去到到林杞埔，之後沿濁水溪、郡大溪移向巒大社或Hinogun社。第二條路線根據郡社群口傳，是從Lamongan經過日月潭，穿過埔里社附近，去到卓社附近，再移動到Asang Lainga（位於濁水溪中游郡大溪旁）。第三條路線也根據郡社群口傳，指稱布農族從Lamongan經過濁水溪岸與卓社，抵達Asang Lainga。

爾後，布農族的移動主要分成兩次，第一次是向中央山脈西部、玉山北部遷移，他們以Astang Lainga為根據地，成立許多分社，逐漸擴大地盤。這段期間他們和許多異族接觸，因而發生爭鬥與混合行為。第二次則是穿越高聳的中央山脈向東方或南方，第二期移動的參與者只有巒社群、丹社群與郡社群，該次移動又分成三個階段：（一）從臺中州（今南投）向花蓮（二）向新武路溪支流大崙溪（三）向臺東內本鹿與高雄。

鄒族據說發源於玉山，也有族人相信發源於臺南平原一帶。在三百到四百年前，鄒族由於受到漢人欺壓，逐漸往山區遷徙，包括今日的嘉義市在內，也是鄒族氏族的傳統領域範圍。

阿美族的祖先大致可分成三個系統。北部群來自Tatiforacan（花蓮溪出海口處）、中部群起源於貓公山（花蓮豐濱鄉與瑞穗鄉交界），南部群據稱來自Arapanay（今臺東知本南邊）。其中，較古老的北部群祖先並非一開始就定居在花蓮，為了尋找新耕地與魚場，族人從南方一個被稱為Panapanayan（今臺東縣太麻里鄉三和村的南迴公路旁）的地區搬來，這與一部分卑南族人傳說中的起源地一樣。另外，中部的貓公山曾是北部群往南遷徙的重要據點。目前阿美族居住在花東縱谷與海邊，範圍擴及到屏東東部海濱一帶。

大武山是排灣族與魯凱族的重要地標，北大武山在魯凱語中被稱為Tagaruas，排灣語則稱為Tagaraus、Tsagaraus、Chagaraus。排灣族的布曹爾群另以Kavorogan作為對大武山的總稱。魯凱族的發源聖地為Kaliala，位於中央山脈三個湖Daloarina、Tiadigul（一名Bayu）以及Varokovok附近。在地理分布上，魯凱族聚落的海拔較高，四周則有排灣族聚落。這兩個位於臺灣南部的原住民族聚落較大且完整，從有歷史紀錄以來便出現在歷史文獻中。

根據溫振華《臺灣原住民史》彙整，清領時期實施幾項重大政策，影響平埔族與山區原住民族的發展跟分布。其一是將原住民族分成土番、野番、生番、歸化生番等類別，不同身分有相應的賦稅與服勞役規定；同時，官方亦明訂「番界」，其中隱含隔離治理意味。其二是設置「理番分府」管理原住民，並在平埔族群中導入「通事制度」，讓漢人通事擔任平埔族與清帝國間的橋樑。其三是在林爽文事件（一七八六年）後，官方為了獎勵參與平定的平埔族，同時為控制原住民與邊區，清廷實施「番屯制度」開發部分內地山區，將大量土地分租給平埔族兵士，並設立專門機構控管。

十九世紀後半葉，在牡丹社事件發生前，清國的重心都在「熟番」（今平埔族群）區域；牡丹社事件後，清廷廢除「番界」禁令積極進入後山，先由臺灣海防欽差大臣沈葆禎為首，後由臺灣巡撫劉銘傳延續，開發地區包含今日的中部山區、東部花蓮縣與臺東縣，以及屏東枋寮以南。此時期清兵與原住民亦發生多起征戰，導致許多原住民族被迫遷徙，其中最為人熟悉的是撒奇萊雅族（Sakizaya）與噶瑪蘭族的遷移。

二、日治時期的移動

一八九五年，總督府基於對於臺灣山地資源的有效掌握，公布〈官有林野及樟腦製造業取締規則〉（日令第二十六號），預示官方與原住民發生衝突的必然性。日治時期的臺灣原住民「理蕃政策」，一般分為四期或五期，日籍學者伊能嘉矩按一般社會動態，把理蕃事業分成五期，包含（一）懷柔時期（二）威壓時期（三）威撫時期（四）新理蕃政策時期（五）中日戰爭時期，一般學者則把日治時代的理蕃事業分為四期。〔2〕

日治初期，臺灣總督府主要沿襲清國的「撫墾局制度」，一八九六年在臺灣設置「撫墾署」。最初，撫墾署屬於中央層級，爾後降級由縣管理。一八九七年，總督府廢除撫墾署。

此時期日本主要以綏撫或懷柔政策對待原住民，以招攬原住民下山到撫墾署單位、給予禮物與詢問關切為主要手段。

一八九八年二月，第四任臺灣總督兒玉源太郎將警察權與警察體系從軍隊中獨立出來，並把警察制度導入理蕃事業中。隨著一九〇〇年代，臺灣總督府對平地的「土匪掃蕩」告一段落後，他們逐漸將觸角往臺灣山區延伸，也引發日本政府與原住民間的樟腦戰爭，尤其在北臺灣新北與桃園一帶。

一九〇二年，南庄事件的發生，讓臺灣總督府將隘勇線制度放到警察制度下管理，[5]並逐漸展開隘勇線推進與討伐戰爭。當時，日本實施的策略為北剿南撫，對包含賽夏族、泰雅族、太魯閣族與賽德克族等「北蕃」進行武力征伐，引發大豹社事件、大嵙崁事件等重大歷史事變。一九〇六年四月，臺灣第五任總督佐久間佐馬太上任後，更大規模採取隘勇線推進政策，並將蕃務掛（原住民事務）全權交由警察本署管理，形成以警察為中心的理蕃事務。

大正三年（一九一四年），太魯閣戰爭的爆發昭告日方理蕃政策的轉捩點。太魯閣戰爭為二十世紀臺灣本島動員人數最多、影響層面最廣泛的戰役。臺灣總督府透過大規模軍警聯合壓制東臺灣原住民，以建立其統治威信。同年下半年，官方開始沒收原住民槍枝，從平地擴及山區原住民區域。由於槍枝作為臺灣原住民自衛、狩獵與傳承文化的重要工具，槍枝沒收行動後，臺灣東部與西部沿山地帶陸續發生駐在所被焚毀、警備員遭殺害，以及槍枝、子彈被奪取的事件。後來日方又在東部與西部修築多條隘勇線（一九一六年後改稱為警備線），一直到一九二〇年代初期，山區原住民與警察緊張情勢才逐漸緩和。

隘勇線的設立牽涉到山區原住民活動的空間範圍。根據筆者研究，日治時期的隘勇線政策有下列分期：

5 南庄事件，又稱「日阿拐事件」，發生於一九〇二年（明治三十五年）的苗栗縣南庄地區。事件起因於日籍人士在當地展開樟腦製造產業，與賽夏族頭目日阿拐等人因土地使用權發生衝突。一九〇〇年，臺灣總督府實行樟腦專賣制，引發賽夏族原住民不滿，特別是在土地所有權和租賃條件上，與日籍租戶產生矛盾。隨著樟腦價格下跌和租金糾紛，衝突逐漸升級。一九〇二年七月六日，日阿拐聯合賽夏族和泰雅族的族人發起武裝反抗，包圍攻擊南庄支廳。最終事件被鎮壓，日阿拐逃亡。後來起事原住民的土地被客家人占據，賽夏族的祭儀活動受到官方嚴密監控，祖靈祭遭到禁止，許多原住民家庭被強制遷移或分離，對賽夏族社會造成深遠影響。

1. 官民隘並存與隘線退縮時期（一八九五年—一九〇一年）
2. 小規模整理、恢復清末隘線與納入警察管理時期（一九〇二年—一九〇三年）
3. 大規模隘勇線推進與包圍原住民聚落時期（一九〇四年—一九〇九年）
4. 軍警聯合討伐與隘勇線深入蕃界時期（一九一〇年—一九一四年）
5. 後隘勇線推進時期（一九一五年—一九一七年）
6. 理蕃道路取代隘勇線時期（一九一八年—一九二六年）

從日本統治初期到中期，除卻隘勇線逐漸轉型成警備線，監督所改成警戒所，官方也漸漸將隘寮裁撤。到了大正年間，隨著「蕃情」逐漸平穩，總督府對原住民的管理正式併入正歸的理蕃事業。一九二〇年代起，日本官方企圖藉由全面性行政措施控管原住民，除了進行事前調查與定線，也在山區道路廣設警察官吏駐在所與配置警力，更在重要部落或地理位置設置蕃童教育所、蕃產交易所、施藥所（含診療所、公醫所），有些理蕃道路更有聯絡臺灣西部與東部的用途。

（一）初期的遷移

大正八年（一九一九年），臺灣總督府開始在蕃地試辦集團移住，但事實上早在恢復清末隘線與納入警察管理時期，就有原住民被安排遷移。根據史料，最早的原住民族移住紀錄為一九〇二年，日本政府在恆春境內莿桐腳溪獅頭社附近設置原住民共同耕作場。隔年，十戶排灣族原住民被移住當地，進行開墾與耕種，後來因為政策與原住民輪作習慣差異，最終全部返回故鄉。

同樣在一九〇二年，新竹廳南庄支廳發生南庄事件，參與者中包含賽夏族與泰雅族族人（還有少數客家人）。事後，總督府決定強化隘勇線政策，擴展劉銘傳時期的隘勇制度，並將過去臺灣沿山地區的隘寮由點串成線，由線圍堵成面，掌控淺山地區的控制權，不少原住民部落因而開始被移往隘勇線內或隘勇線旁。

日方將推進後的原住民分成「線內蕃」與「線外蕃」。線內蕃意指被隘勇線包圍的原住民，其中包含兩種情形：一種是受到包圍，但部落沒被移動者；另一種則是被移居到隘勇線旁或線內居住，形成新聚落的住民。這些被迫遷居到隘勇線附近的原住民，可視總督府第一次實施非政策性「集團移住」的對象。有的移住者是受日人要求，有的則自願遷移。當時許多泰雅族、賽德克族與太魯閣族由於遭官方討伐，部落遭受焚毀，而被迫遷移至隘勇線內以利日人監督。

隨著昭和五年（一九三〇年）年底，臺灣中部爆發霧社事件，總督府轉而實施新理蕃政策，更加強調從教育與心理層面施行「教化」。隨之而來的是從昭和八年（一九三三年）正式啟動的集團移住政策。這項政策讓許多原住民族被迫移動到山腳地帶居住，其中以布農族為最甚，其次則包含泰雅族、太魯閣族、賽德克族、排灣族等族群。此後，總督府對山區原住民族生活空間的森林資源、土地權益與行政管理介入漸深。各地原住民在不同階段理蕃政策下被迫離開家園。

（二）「集團移住」下的移住

根據學者林澤富彙整，日治時期原住民的集團移住可分成三種類型：（一）傳統類型遷徙（二）懲罰性質移住（三）官方計畫性集團移住。傳統類型遷徙通常受到獵場、耕地與災害影響而移住，其他兩者則受到殖民者統治方針影響。

日治時期最早的傳統類型集團移住，以布農族卓社群ラクラク社（Rakuraku社）為代表。一九〇四年春、秋兩季，卓社群ラクラク社的頭目發現カト（讀音Kato，亦稱過坑，今南投縣埔里鎮中正村）是一塊豐腴之地，由於卓社群原居住地人口多、土地貧瘠，收穫量也不豐，因而向官方申請。經日方認可後，全社決定遷移到當時尚屬於普通行政區的カト。除了傳統類型遷徙，日治時期也發生許多懲罰性遷移，但此類型並非官方有計畫的遷移活動，沒有政策上的支持，因此也缺少完整配套措施。例如桃園廳轄內的泰雅族Gaogan群（譯為卡澳灣群）原居住於今桃園復興鄉大漢溪（舊稱大嵙崁溪）兩岸。一九一〇年日人進行五年理蕃計畫，以隘勇線推進迫使卡澳灣族歸順，許多族人被集中在角板山臺地的隘勇線內聚落。一九一四年太魯閣戰爭結束後，許多太魯閣族人也有被集中居住的現象。

一九一九年，臺灣總督府開始在蕃地試辦集團移住，也就是「官方計畫性移住」。一九三〇年起，總督府命技師岩城龜彥擔任「蕃地開發調查」的主持人，岩城龜彥在《臺灣の蕃地開發と蕃人》一書中曾提及：「將蟠踞在遠離平地的所謂本島蕃地之深山奧蕃，集團移住至平地附近表側山腳地帶，向來是總督府多年來理蕃政策中重要的設施之一。」並歸納出實施集團移住的九項理由如下：

1. 傳統旱地輪耕，導致貴重森林被濫伐；不斷擴大開墾地，使廣大國土受到不當經濟利用。
2. 深山蕃地地勢陡峭，經開採後遇雨，將導致土石崩塌與河川氾濫。
3. 樹林或草地上開墾所需勞力甚多，亦不合經濟效益。
4. 傳統旱地輪耕的耕地傾斜且未使用肥料，造成地力不足；若發生旱災與蟲災，「蕃人」生活易受威脅，也將導致治安不穩。
5.「蕃人」位處深山交通不便，較不易受教化或授產指導。
6. 官方為管理深山「蕃人」，常需配置警備員、警備機關等，經費花費甚鉅。
7.「蕃人」居於深山地區，不易改除舊慣。
8. 集團移住後，將有利於企業開發蕃地富源。
9. 經移住後的「蕃人」，生活品質更可受到改善。

從另一個角度來看，岩城龜彥的論點，也正是山地原住民族必須走向農業化生活的理由。岩城曾發表〈本島蕃地に於ける水田豫定地調查〉一文，指出總督府調查臺灣適合進行「山地水田化」的地點，將有助於山地住民生活安定。所謂山地水田化，就是將原住民集團移住後，將其山林燒墾的游耕模式改為定耕農業。岩城認為逐步施行山地開發計畫，能讓臺灣八萬六千名山地住民「沐浴於文明的惠澤」，由此可知，臺灣總督府將山地水田化視為集團移住的重要配套政策。

一九三一年，理蕃事業進入第四期新理蕃政策時期，由官方主導的集團移住政策更加速進行。一九三四年，日本官方完成第一次蕃地開發調查，並由總督府警務局理蕃課擬訂〈蕃人移住十年計畫書〉。其中，總督府編列總計兩千五百八十一萬日圓左右的龐大預算，從該年起耗費十年時間推動原住民遷徙，預計移住的人數則與蕃地開發調查中提出的原住民移住人數大致相同，可見集團移住的政策與蕃地調查的關係非常密切，因為移住完畢後，官方才能有效開發原住民土地。

如果我們比較總督府擬定的計畫書與實際情況，能得知日治時期移動的原住民中，配合政策被迫移居、建立新家園的族群佔據多數。第一年官方計畫遷移南澳群與Krahu群（今泰雅族），前者在一九三八年移住，後者則未遷移。第二年為部分新高郡丹社群（今布農族）與大湖深山群（表記為奧蕃，為今日的泰雅族），前者於一九三三年提前移住，後者於一九三六年遷移。第三年計畫移住Sqoyaw群（今泰雅族）與一部分新高郡丹社群，前者沒移動，後者提前在一九三三年移住。第四年計畫遷移Tayakan、Knaji群（今泰雅族）與卡社群（布農族），但實際上前兩者未移住，卡社群則在一九三六年與一九三七年被遷移。第五年計畫移住潮州郡排灣族（表記為奧蕃），之後在一九三四年、一九三八年、一九四一年與一九四三年，該社群都有被移住紀錄。第六年計畫遷徙郡社群與巒社群（表記為奧蕃），兩者分別在一九三四年與一九三八年被移住；原先預計在一九三九年被移住的C’oc’os（今鄒族）等四社，提早在一九三三年遷居。原定在第七年遷移的旗山郡郡社群（表記為奧蕃），則在一九四〇年提前移住。此後，第八年到第十年除了鄒族沒被移動外，包括今日的太魯閣族、臺東與花蓮的布農族都曾被集團移住。

參考文末附錄一，儘管表格中列出的原住民部落未完全按照先後次序移住，但多數部落在日本官方推出計畫後幾年內便離開家園。一九四〇年與一九四四年，臺灣總督府更實施「促進國策事業並東部開發之蕃社移住計畫」與高雄州「高砂族第二次集團移住計畫」。不過當時可能受到二戰影響，東部與南部排灣族移住因而暫緩施行。

綜觀日治時期集團移住政策，受影響最大族群為布農族，他們從當時的臺中州、高雄州、花蓮港廳與臺東廳，被移動到中央山脈兩側山坡地帶。除此之外，花蓮太魯閣族與宜蘭南澳泰雅族同樣受到劇烈影響。

三、戰後的移動

戰後初年，中華民國政府的山地行政跟日本理蕃制度尚在轉換期，許多山地政策仍處於磨合階段，並未真正展開改變。大部分臺灣原住民先經歷一段承平歲月，只有部分部落的集團移住持續執行。

戰後與日治時期原住民政策的差別，其一是在此一移住階段，原住民鄉鎮增加地方自治與代議制度。換言之，原住民在戰後能選舉自己的地方行政首長、地方代表以及參與後來的省議員選舉。這與日治時期缺少地方行政概念，由警察治理山區的情況不同。其二為此時期國民政府除了在山區建立地方行政、自治單位與選舉代議制度，施政重點還包括教育與衛生。原本原住民族多居於深山地區，交通不甚方便，為改善原住民族生活，官方輔導他們遷移到生活條件較好的區域。對此，國民政府解釋：「戰後的移住大多是自發性請求移住，或者是政府主動輔導移住。」〔3〕

不過總體而言，國民政府最初對山地政策的想像，其實與日人並無太大差異。兩者皆以國土的長治久安、山區開發利用、原住民生活與文化改善、扶持經濟為主要目的，這些目的須以安置原住民為前提。而分化部落、刻意培植地方勢力，甚至製造移住後新部落內部敵對關係，應非官方首要目的，頂多為移住後順帶產生的效益。

一九四六年，時任臺灣省參議會議員的馬有岳，曾就山胞（原住民族）移往到山林海邊提出過質詢。但當時國民政府礙於施政困難，並未立即大量推行，隔年才有計畫推動土地政策，協助原住民移住。幾年後，在省議員郭雨新與馬有岳建議與質詢下，執政者持續推動原住民移住平地政策。然而也有些議員如林壁輝等，擔心移住平地的原住民族恐發生經濟問題。對此，省府民政廳表示族人不一定要全部遷往平地，而是以集中為原則。例如安排鄒族移住到同在山區的新美農場，而非移往平地。

一九五一年，臺灣省政府頒布《臺灣省山地施政要點》作為山地經濟建設的準則。該要點全文約有二十二條，其中第八條載明「獎勵山胞分期移住，以化零為整，或由深山移住交通便利地點為原則」。隔年，一九五二年，省議員潘福隆提議以屏東潮州第一與第三林班地交換來義古樓的保留地，以利推動移住進行，兩年後古樓才移住到現址。

一九五四年，臺灣省政府提出「山地經濟建設五年計畫」（一九五四年——一九五八年）。這項計畫原名為「山地平地化五年計畫」，為符合社會觀感改名為「促進山地行政建設計畫」，其大致內容包含以下幾點：

1. 過去相關鄉公所或縣政府，對於山胞移住多未調查實情，且無通盤計畫，以致開始移住時發生種種阻礙，影響移住之進行。嗣後鄉公所應切實查勘，擬定詳細計畫，送縣政府派人複勘，報廳核辦。
2. 有關移住事宜，應指定專人專責辦理，按照計畫指導，逐步實施。
3. 移住後，對於開墾地選擇、開墾方法、農作物栽種、環境衛生、水路開鑿、自來水設施、瘧疾防止、建築基地附近伐採等事項皆應積極指導，以謀解決糧食問題，安定山胞生活。

4. 為節省勞力，提高工作效率，應指導採用共同合作互助方式。
5. 各縣對山胞移住，非經本廳核准不得擅自辦理。近年來各鄉所送移住計畫書，多未按照本廳規定，內容過於簡略，無法核辦，應切實糾正。
6. 各縣計畫移住時，山地室應事先與各有關機關洽商，以免移住時發生困難（例如：水利、自來水、公共建築等等設施，林班交換、農業推廣等），並應在每年七月以前將計畫送廳，以便本聽審核編列於次年度預算辦理。
7. 嗣後各縣鄉辦理山胞移住完成後，應將詳細情形報廳派員查驗。

一九六〇年代後期到一九七〇年代初期，臺灣經濟發展從農業轉向工商業，快速工業化的結果，讓臺灣經濟體系轉變成出口導向。由於勞力密集的製造業需要大量勞工投入，大量農村人口紛紛受到吸引移往都市生活。在這波吸力下，許多原住民從原鄉前往都市，時間上只比一般農村移動稍晚。

這些原住民集中投入營造業、漁業與一部分工業，其中，東部的阿美族人大量往北部與西部，排灣族與魯凱族往高雄市移動，其他各族也前往居住地的主要城市，或鄰近部落的

魯凱族舊好茶部落。（圖片來源：鄭安睎）

霧臺部落石板屋正面。（圖片來源：鄭安睎）

衛星城市。時至今日，原住民族的原鄉人口已遠低於非原鄉人口。若參考文末附錄二「戰後臺灣原住民移住概況一覽表」可得知，一九五〇年代到一九七〇年代，是戰後臺灣原住民集團移住的高峰期。一九七六年前後，屏東霧臺鄉舊好茶被安置到新好茶部落可算是移住政策的最後延續。

此外，將近二十多年來，原住民族居住地更遭逢地震、颱風等天災，例如九二一大地震、八八風災等，都使原住民族不得不走上遷徙之路，舉凡南投縣仁愛鄉發祥村瑞岩部落的遷村、嘉義縣番路鄉的逐鹿部落、高雄縣甲仙鄉新小林部落、屏東縣瑪家鄉禮納里部落，皆是族人遷移後的新庇護部落。

回顧原住民族的遷徙歷史，臺灣高山疊嶂，森林蒼翠，其間有若干肥沃盆地、丘陵或河階地，這些都是適合人類居住地自然條件，故從先史時代開始，便有不少先住民居焉，也因此留下許多聚落遺址與現今的部落。之後，經歷與漢人的互動與折衝，以及日治時期各階段政策對原住民族的遷移，再到戰後政府對原住民族遷移政策的定調，和臺灣產業轉型下原住民族的都市遷移潮，現今臺灣原住民的移動已脫離國家政策主導下的集團移住，反而是天災成為影響原住民傳統領域變化與發展最重要的因素之一。另一方面，現今離居或散居的原住民與原生部落的隔離，實際上並不利於該族語言與歷史文化的傳承。未來如何重新凝聚族群意識，促進國家對傳統文化的保存，是變動中的原住民社會面對的挑戰。

近年來，臺灣政府透過轉型正義政策，賦予重大歷史事件中的原住民主體性的民族觀點，二〇〇五年，政府通過《原住民族基本法》，承諾規劃原住民族傳統領域，讓日治時期伊始，從家園被迫遷離的原住民族群得以恢復使用、生活在原有土地。然而，二〇一六年行政院公布的《原住民族土地或部落範圍土地劃設辦法》，將原住民傳統領域定義為僅限於公有地，並排除大量屬於官方機構、公司或財團的私人土地。如是的政策規劃，除了讓原住民傳統領域顯得破碎不完整，也讓族人無以在土地上重建家園、恢復與保存部落文化。

直至今日，各族群依然持續關注傳統領域的規劃，往後國家如何透過轉型正義手段，針對非法土地所有權轉移事件加以調查，並關注受迫遷的原住民族人權益，是每個人都應認真思索的課題，因為那牽涉到我們如何想像、構築家園，以及如何在平等的基礎上，型塑臺灣共同文化與歷史的未來式。

[1] 鳥居龍藏，〈新高山地方に於ける過去及び現在の住民〉，《東京人類學會雜誌》第十五卷一七〇號，一九〇〇年，頁三〇三—三〇八。

[2] 參考胡曉俠〈日治時期理蕃事業下的原住民集團移住之研究〉，配合「理蕃政策」下的集團移住可分為四個時期：一、理蕃初期的原住民集團移住（一八九五—一九〇五年），二、威壓時期的原住民集團移住（一九〇六—一九一四年），三、威撫時期的原住民集團移住（一九一五—一九三〇年），四、新理蕃政策下的原住民集團移住（一九三一—一九四五年）。筆者參考其分期，也把日治時期的理蕃政策分為四個時期，作為敘述分期。

[3] 參考臺灣省政府民政廳，《發展中的臺灣山地行政》（南投：臺灣省政府民政廳，一九七一年），頁九〇。

附錄一：《蕃人移住十年計畫書》之「十年繼續蕃人移住計畫」年次表。

年　次	州廳別	集團移住預定地	移住蕃	戶數	人口數
第一年	臺北	南澳	南澳蕃	186	1,053
	新竹	ラハウ	カラホ外カオガン（Krahu）	101	524
第二年	臺中	マンターサン	新高郡丹蕃一部	83	869
	新竹	高熊一峠附近	大湖奧蕃	91	521
第三年	臺北	マナウヤン	シカヤウ蕃（Sqoyaw）	46	270
	臺中	タマロワン	新高郡丹蕃一部	52	714
第四年	新竹	阿母坪	タイヤカン（Tayakan）、キナジー蕃（Knaji）	142	618
	臺中	十八頂溪	卡社蕃	110	1,041
第五年	高雄	アマワン下方、プツンロク下方	潮州郡奧蕃	915	5,545
	臺中	明治溫泉附近	サラマオ、シカヤウ蕃	50	254
第六年	臺中	ナバカバン	郡蕃、奧蕃	221	2,438
	臺南	サビキ	チヨクチヨス（C'oc'os）外四社	43	289
第七年	高雄	美濃山下方、カサギサン下方	旗山郡奧蕃	346	2,383
	臺東	卑南原野	大武支廳奧蕃	775	3,601
	臺南	タツバン	トフヤ社外一社	24	301
第八年	花蓮港	花蓮沿海支廳山腳	タロコ奧蕃	728	3,932
	臺東	池上	里壟支廳奧蕃	321	2,876
	臺南	ニヤウチナ	ササゴ社	1	7
第九年	臺中	眉原上流大學演習林	ハツク、マレツバ蕃	250	1,212
	臺南	ララチ	イムツ社	4	24
第十年	花蓮港	玉里鳳林支廳山腳	玉里支廳奧蕃	138	1,429
	臺南	ララウヤ	チヨクチヨス社外二社	22	151
			計	4,649	30,052

（圖表來源：鄭安睎）

附錄二：戰後移住原住民移住概況一覽表

年度	縣別	鄉別	移住村別	移住戶數	移住人口
35	花蓮	秀林	土樸社	30	不明
36	花蓮	秀林	銅門、富士等二村	120	228
	宜蘭	南澳	寒溪村、古魯社	24	不明
	嘉義	吳鳳	新美村	不明	不明
37	花蓮	萬榮	萬榮村	60	不明
39	臺東	金峰	賓茂村	83	412
40	臺東	達仁	土坂、臺坂、大谷、紹家等四村	218	1017
	宜蘭	南澳	武塔村	35	214
42	臺東	金峰	比魯、介達、近黃等三村	154	750
	花蓮	秀林	和平、崇德、佳民等三村	20	90
	高雄	桃源	建山村	31	188
43	屏東	泰武	佳平、佳興、武潭等三村	322	756
	高雄	三民	民族村	27	145
	高雄	茂林	萬山村	42	249
	臺北	烏來	哈吱部落	20	90
	屏東	來義	古樓、丹林等二村	154	926
44	高雄	桃源	桃源村	25	150
	花蓮	萬榮	馬遠村	117	767
	屏東	瑪家霧臺三地門部分山胞		109	726
45	花蓮	秀林	崇德村	36	185
	花蓮	秀林	和平村	54	275
	屏東	來義	來義村	162	730
	屏東	泰武	萬安村	123	642
46	花蓮	卓溪	卓溪村南安村落	18	60（166）
47	宜蘭	南澳	金岳村	45	225
48	屏東	春日	力里村	188	989
	屏東	來義	白鷺村	89	436
50	屏東	春日	七佳村	82	376
	屏東	泰武	泰武村	105	619
	屏東	來義	高見村	141	691
	南投	仁愛	互助村	124	1000
	高雄	桃源	梅山村	27	206
52	宜蘭	南澳	金洋村	73	407
	宜蘭	南澳	金洋村	--	--
	臺北	烏來	哈吱村落	10	44
	臺中	和平	平等村	37	175
53	屏東	春日	歸崇村	126	648
	桃園	復興	石門水庫移民二村	84	552
55	屏東	泰武	平和村	53	278
56	臺中	和平	佳陽村	45	236
59	宜蘭	大同	寒溪村四方林包括南澳溫泉巷 13 戶	52	195
	臺東	延平	永康村	62	393
			計	3,226	16,106

（圖表來源：鄭安睎）

第二章：原鄉轉漢土

蔡承豪

攤開臺灣現今人口族群構成來看，最大宗者莫過於河洛（閩南）、客家兩大語系，以及戰後移居來的中國各省移民共同組成的「漢人」族群。漢人佔臺灣整體總人口數九十五%以上，比例遠超過法定十六族組成的原住民族（二．四五%）。由於漢人的祖居地在跨海可到達處，地理空間的相近，加上原鄉山多田少、人口數量龐大，人口會往外溢散到臺灣似乎不難想見。同時，傳統漢人絕無少子化隱憂，在多子多孫多福氣的風氣下，逐步形成以漢人為主的結構彷彿理所當然。但如果漢人大量移徙來臺灣真是時勢所趨，這項歷程為什麼到十七世紀方才啟動？這種人口結構轉換是否真的作為一種直線進程，或一度有可能別開生面？

概觀變化趨勢

相對於一九四九年後，俗稱「外省人」的族群在明確時間點來到臺灣，四百多年前，漢人什麼時候開始移居臺灣，則是較難有確切解答的問題。更早之前，臺灣已經有若干漁民與商人的活動，但要到十七世紀前期，隨著荷蘭東印度公司（VOC）在臺灣展開統治，漢人勞力在受到招攬與躲避戰亂情況下，才大規模跨海來臺，嘗試尋找新天地。

這些來臺的漢人有的拓土農耕，有的從事勞務，還有部分從事海商，進行商業投資貿易，發展可說相當多元。往後數百年間，即使臺灣經歷多場天災、動亂與改朝換代，漢人數量大體仍呈現成長趨勢，並逐漸發展出獨特的在地風俗與文化。

在近代科學統治技術出現前，我們不容易掌握歷史人口的精確數字。但從各種直接或間接資料中，仍反映出一些端倪。根據荷蘭東印度公司不盡完整的資料推算，當時臺灣原住民大約有十萬人，漢人移民則大約有兩萬五千到三萬人。到了鄭氏王朝，鄭軍攜帶大量軍民來臺，同時，陸續有漢人為了躲避戰亂前來。根據估計，當時的漢人約成長到十二萬左右，與原住民人口已在伯仲之間。一六八四年，清朝將臺灣納入版圖後，先將不少漢人住民遷回內地省分，這讓臺灣的漢人人口一度暴跌半數。然而隨著大量閩粵移民渡海來臺，人口的社會性增加很快填補甚至超越之前規模。十八世紀下旬，在島民漸次成家立業、自然繁衍的情況下，臺灣人口已皆近百萬。十九世紀初，學者更推算有近兩百萬人。到了十九世紀末，全島人口估計已達兩百五十多萬人。當時雖然沒有確切族群調查，但漢人在增長人口中應該遠遠佔據優勢，穩居人口構成中的主要族群。

到了日本時代，雖然受到異族統治，可是漢人沒有大規模離開臺灣。同時，雖然臺灣不再出現大量島外移民，但由於社會的治安、公共衛生與經濟改善，全島人口自然增加率穩定攀升。在日治末期，島上人口已達五百九十多萬人，其中的漢人約有五百五十萬多，佔總人口百分之九十以上，依然鞏固優勢的族群地位。當日本人離開、外省軍民到來後，漢人更拉大領先地位並延續至今。〔1〕

十七世紀的浪潮

漢人從最初來臺到站穩腳步，不能用「一帆風順」四字來概括。當他們來到島上時面臨的挑戰並不少。這些難題大概可分成自然與人文兩部分。

自然因素莫過於臺灣海峽的地勢阻隔。臺灣海峽有強勁洋流，更有隨季節變化帶來的不穩定強風，同時颱風也是甚具挑戰的變數，種種條件讓過往以傳統帆船渡海的漢人面臨極大挑戰。尤其在澎湖與臺灣島間，因為水色深暗而被稱為「黑水溝」的海域，除了有快速流過的強勁海流，還有受到海峽管道效應影響形成的強風，讓該區域的海象惡劣、不時發生船難，並留下「六死三留一回頭」的俗諺，用以形容唐山過臺灣途中遭逢的險惡情境。這種自然因子相當程度增加移民的難度。

從人文層面來看，臺灣雖然自然環境優越，但分布各地的原住民基本上維持與自然和諧共存的生活模式，農耕未以大規模生產農產品為目標，在採集與狩獵上亦維持對大自然低度的取用。因此在當時的國際市場，臺灣能引起外界興趣具備貿易價值的物品，只有比較容易取得的鹿皮、漁獲，以及開採難度較高的硫磺、黃金等，而且商人還必須自行設法獲取上述商品。在這種情況下，著實難以吸引外來投資者與農民常駐，形成市集或聚落。

由於缺乏能大量交易的標的物，即便今日我們能從幾個史前遺址中發現漢人前來交易的證據，歷史上甚至有三寶太監鄭和（一三七一—一四三三）船隊到過臺灣的傳聞，但長時間以來，漢人終究未在島上定居。即便十三、十四世紀時，雖已有漢人來臺從事魚撈，或與原住民進行小額貿易，但這些漢人群體多半是季節性移動，一旦任務達成，便會啟程返鄉，只有相當少數漢人住在平埔族部落。在以原住民為主的時代，漢人要取得土地從事開墾，絕不是一件容易的事情。

漢人較大規模移居臺灣，要到十六、十七世紀才正式發生。當時，隨著東亞海上貿易興盛，除了偶會有一些船難的人員意外上岸之外，北北基一帶的幾座高山逐漸成為航行定位的指標之一，雲嘉南一帶則是中日商人貿易的會合地。另一方面，由於中國、日本等市場對於烏魚（鯔魚）、烏魚子等食材日益重視，福建漁民接踵而至來到臺灣南部近海捕捉烏魚，規模遠遠超越過往，甚至達到「不下萬人」的規模。這些漁民由於補給、曬網與暫憩等緣故，會季節性停留在南臺灣，讓漢人有更多機會認識臺灣島的自然環境與原住民。諸如顏思齊（？—一六二五年）等大海商甚至率眾在雲林、嘉義一帶笨港地區設立「十寨」，招攬移民前來開墾。這反映出十六世紀到十七世紀前期，漢人已逐步在臺灣拓展，不過仍屬點狀的嘗試行動。

同一時期，從地球另一端渡海東來的荷蘭東印度公司，曾兩度出兵佔領位居臺灣海峽中央、比較靠近福建省的澎湖作為貿易基地。此舉引發明朝官方反對，朝廷因而派兵與公司兵戎相見。之後雙方達成協議，荷方撤出澎湖，明朝官員則派遣漁民指引荷方，轉往當時不在中國版圖內的臺灣。經過多方探勘，荷蘭東印度公司最終選擇以大員（今臺南安平）為基地。

在佔領臺灣前十年，荷蘭東印度公司的主要政策仍是打開對中貿易，因此對開發臺灣沒有太積極作為。直到一六三三年，荷蘭東印度公司在金門料羅灣被鄭芝龍（一六〇四年——一六六一年）代表的明朝海軍擊敗，艦隊損失慘重，鄭荷雙方才商定貿易協議，公司政策大為轉變。在貿易方面，荷蘭東印度公司從直接在中國沿海進行貿易，轉變成由華人海商負責帶貨，再將生絲、絹綢、瓷器、黃金，以及臺灣當地的鹿皮轉口到日本、東南亞甚至波斯等地。

對於島內經營，荷蘭東印度公司也開始思考不一樣做法，轉而積極與漢人領袖合作經營土地開發，生產稻米、甘蔗、藍靛、棉花等農作物。東印度公司本身沒有足夠人力開發土地，臺灣住民也與荷蘭在東南亞殖民地情況不同。臺灣原住民以狩獵、採集與小規模農耕為業，沒有從事大規模農耕的經驗與意願。相對而言，與臺灣只有一海之隔的福建地區，卻有大量從事農耕與其他勞動的人員，若將人力引到臺灣進行農墾，應該是不錯的調度方案。然而，起初荷蘭東印度公司不願意大量招攬漢人，一方面他們擔憂已在臺灣活動的漢人居中「挑撥」公司與原住民關係，當時原漢群體已有相當程度往來；另一方面，荷蘭人也憂慮移民人數若達到一定數量，將對殖民統治者地位帶來威脅。

儘管如此，為了增加公司稅收與確保糧食供應，荷蘭人不可避免引入漢人進行拓墾。這項契機打開漢人移徙臺灣的路徑。如同一六四四年十二月，東印度公司記錄的《巴達維亞城日記》便提及：

> 去年（一六四三年）被命放棄接近原住民五個村落附近田園之中國人，尤其新港及大目降管內中國人，希望待至四月收穫以後，放棄其佔有地，因上列各村落稻田甚少，而長老等亦切望之，故關於中國人居住上列各村落之總督命令，尚未施行。目加溜灣、蕭壠及麻豆三村落之原住民答應中國人佔有該區域外田園，經政務員及長老等之承認，

繼續耕種，至另有所通知為止。但每年一甲即約一摩亨（morgen）或五十尋平方之地，應繳納二里爾（real），依此現在每年可收七百里爾，而以後可見其增加。〔2〕

這段文字記載分布於今日臺南善化一帶的西拉雅族原住民部落，由於當時族人必須向荷蘭東印度公司繳納米稅，而允許中國人到他們的農地進行開墾。

荷蘭東印度公司在統治臺灣期間，一方面藉由徵收稅金、沒收武器甚至直接進行武力攻擊，阻止華商、日商跟原住民部落聯繫，排除各種貿易障礙；一方面透過武力與簽訂誓約等手段來控制原住民部落，進而取得土地控制與經營。為了進行土地開發，公司與來自東南亞與福建地區的華商、頭人等合作，以免稅、提供土地、農具、引進牛隻等誘因，招募東南沿海地區漢人來臺農墾，並另聘漢人從事築城、開闢道路與日常性修繕等建設。閩省本身就有巨大人口壓力，加上明清交替之際的戰亂，荷蘭人的招攬，提供漢人一種前往新天地的穩定機制。數萬名勞工、農民甚至家眷隨之而來，在這群被形容像是「辛勤的蜜蜂」的漢人農工努力墾殖下，稻米及蔗糖成為臺灣兩大農產品，其中蔗糖更是主要的出口獲利貿易品。許多海外作物也被引入臺灣，例如芒果、蓮霧、釋迦等。此時期，臺灣初步顯現以出口為導向的商品經濟雛形，而非走上自給自足的農業經濟體系道路。

曲折與意外

今日，一些臺灣家族祭祀的「開臺祖」，是該家族在十六、十七世紀乘風破浪來臺灣的第一人。由於移墾臺灣的路途艱辛且多有變數，有的家族留下曲折的尋親故事，臺南麻豆大埕郭家的開臺祖郭由恂以及其兄郭由檀就是一例。

大埕郭家原籍福建漳州，明代覆亡後，福建成為南明唐王與鄭芝龍、鄭成功家族的主要根據地，清軍極欲攻佔，該地因此陸續爆發多起大戰役，人民紛紛流徙逃避戰火。應該是在此背景下，郭家二兄弟在一六五一年遷徙來臺。經過數年發展，或許因為家鄉局勢暫時穩定，或者在臺開墾不如想像中順遂，哥哥郭由檀選擇返鄉，剩下郭由恂一人在臺。然而之後郭由檀失去音訊，一六六〇年，郭由恂在原鄉的妻子黃裕決定孤身帶著十四歲之子郭孔昭，不畏風浪渡海尋夫。幾番波折後，郭氏一家最終在麻豆團圓。由此看來，當時麻豆一帶應有相當數量的漢人居住，郭由恂之妻黃氏方能依循漢人建立起的訊息網絡，與丈夫在陌生地相會。後來，大埕郭家在當地發展繁衍，陸續出現舉人、貢生、生員等科舉功名人士，終於從艱辛的拓荒者變成具有代表性的家族。

對於荷蘭東印度公司而言，來臺灣發展新生活的漢人移民是開墾獲利的好幫手。但漢人人口的快速增長也為荷蘭治理臺灣埋下衝突導火線，一六五二年爆發的大規模抗荷事件「郭懷一事件」便是一例。該年九月，由於農作收成不順，大批農民對官方抽取人頭稅政策不滿，並受到部分漢人領導者煽動，企圖推翻東印度公司的統治。儘管農民在人數上佔有優勢，但因為裝備簡陋，讓握有火炮槍枝等武器的東印度公司聯手平埔族人弭平起事。數年後，荷蘭人再度面臨更大挑戰。當時一直謠傳會攻打臺灣的鄭成功（一六二四年——一六六二年），在一六六一年果真率領優勢兵力，以臺灣為鄭芝龍出借給公司之地的名義，突襲登陸臺灣，並在隔年將東印度公司驅離。自此，臺灣成為漢人政權領土。

鄭氏王國為了解決兵糧問題，運用屯田手段，搭配渡臺時攜帶的農具、種籽開墾土地，致力於栽種稻米、番薯等作物以增加糧食。臺灣南部諸如前鎮、後勁、右昌、左營、草衙、柳營、新營等地名，便是見證鄭氏政權「寓兵於農」的措施。這段時期，臺灣依然持續生產蔗糖作為出口商品。同時，臺南一帶也陸續建立官衙、文教等設施，讓中原體制在島上首次萌芽。隨著人口聚集，漢人的信仰中心——包含佛寺、廟宇等更在街市逐漸出現。清代臺灣的地方志記錄許多在「偽時」建立，或創始年代不詳的宗教場所，例如今日的開基天后宮、臺南北極殿、臺南東嶽殿等，這些建築往往是在鄭氏王國時期創建，反映出漢人文化的移植。

雖然鄭氏家族在臺灣只有短短立足二十一年，但在戰亂侵逼與同鄉牽引下，大量軍民陸續來臺，讓臺灣的漢人數量大幅攀升。由於鄭氏王國是臺灣第

臺南北極殿。（圖片來源：蔡承豪）

一個漢人政權，在臺灣許多老一輩人們的印象中，也常認為家族的開臺祖便是跟著鄭成功一起來，應該有一些讀者也聽過長輩耆老談起這樣的傳說故事。

成長終止？

十七世紀的遷徙潮流，讓漢人在臺灣逐漸站穩腳步。不過隨著治理臺灣的政權交替，漢人增長的趨勢卻一度劃下休止符。

清朝入主中原成為廣大疆土的新主人後，起初並未將臺灣納入版圖，鄭氏與清朝雙方亦經歷數次談判。不過隨著三藩之亂爆發，鄭氏軍隊出兵渡海援助抗清勢力，清朝體認到臺灣勢力的威脅性。一六八三年六月，清朝派遣施琅（一六二一年—一六九六年）率領海軍上演復仇記，在澎湖海戰大勝，鄭氏王朝最後一名領袖鄭克塽（一六七〇年—一七〇七年）向施琅投降，繳出延平王金印，結束鄭氏三代二十餘年領臺時代。

儘管清朝在戰事取得勝利，但那不等於臺灣就此改隸屬於大清之下。在清廷內部，呼籲放棄臺灣的聲音反而一時占上風，持此意見者認為鄭氏既已歸降，不再具有威脅，統治海外臺島反而會另外耗費支出，故認為朝廷「宜遷其人，宜棄其地」，將海防固守於澎湖即可。[3]主導攻臺的施琅在與英國、荷蘭東印度公司接觸後，更計畫以歸還臺灣給荷蘭等方式，誘引兩國商人前往福建或臺灣貿易，並以「外國貪涎」為由力促清廷維持海禁，達成福建海上勢力壟斷海外貿易的目標。如果這項操作成功，臺灣又會回到十七世紀前期的面貌。

不過，施琅此一企圖沒有獲得荷蘭東印度公司支持，同時，康熙皇帝堅持開海，福建、兩廣總督也不願重啟海禁政策。多重因素影響下，施琅轉向支持保留臺灣，並連續上陳數份意見。其中一份意見〈臺灣棄留疏〉從地理、經濟、國防、財政等角度，剖析棄留臺灣的利弊得失。施琅指出將臺灣納入版圖，可作為大清國防要地，若善加經營臺灣豐饒的沃土，也極具貿易之利。為了增加說服力，施琅更附上臺灣地圖證明論點。這些意見經過皇帝指示，由議政王大臣等人詳議棄留得失，過了數月之久，朝廷終於做出留臺決議。一六八四年四月，康熙皇帝明詔將臺灣編入福建省轄下，設置一府（臺灣府）治理全臺，也設立管轄各地的三縣（臺灣、鳳山、諸羅）行政體制。從此，臺灣正式進入下一個中原王朝統治時期。假使當時康熙皇帝心念一轉，歷史走向必然大不相同。清朝這項安排，一方面瓦解臺灣作為國際貿易轉運站的地位，一方面則為希望來臺開墾的閩粵居民埋下未來的途徑。

統治者易位對臺灣人民來說，不過是在二十餘年間的第二次「政權輪替」，不影響他們在天高皇帝遠的島上安居。但是，清朝將臺灣納入版圖，不代表自此兩地人民能自由往來。從大清政權來看，臺灣位居海上，與其他省分聯繫須倚靠船運，相對顯得不便，掌控困難度也較高。如果朝廷需治理臺灣，就得付出較高成本，且得容忍臺灣易成為內地犯罪者或無業遊民盤踞地的環境。更甚者，臺島曾作為長期抗清基地，即便鄭氏高層投降，仍難保底層居民存有抗清企圖，或與其他海上勢力合作割據。清朝在臺灣設治府縣，目的之一是希望運用臺灣肥沃的土地，生產供應福建等缺糧區的米糧。為達成此目標，朝廷既須開放人力前來耕作，又不希望引發政治、社會問題。因此清廷實施多重特別措施，以防止臺灣局勢超出官方掌控。

清帝國先是為防範臺灣成為犯罪者與抗清人士的「逋逃之淵藪」，頒布〈臺灣編查流寓例〉，要求鄭氏官員、軍隊回到內地省分，重新分發各地。部分漢民也被命令回到原本家鄉，尤其是無妻、無工作且有犯了徒罪以上者，[1]也被優先遣返。餘下可以留在臺灣的人，則必須向當地官員登記。根據統計，鄭氏王朝滅亡前夕，臺灣島上的漢人大約有十二萬，在歷經遷居管制後，漢人人口大幅減少，約只剩下八萬，甚至有官員估計人口足足暴跌一半。

接下來，朝廷對想前往臺灣的人民設下重重限制，頒布所謂的〈渡臺禁令〉。這項措施又被稱為〈移民三禁〉，主要內容分成三方面：（一）嚴禁無照偷渡，意指想去臺灣的人，需先在原籍地申請渡航許可證，經過分巡臺廈兵備道與臺灣海防同知等負責官員審核後，才被允許渡臺。（二）單身前往，意指渡臺者一律不准攜帶家眷，即便已經在臺灣的人，也不可招攬家眷來臺。（三）粵地人不准前往，根據官方說法，由於潮州、惠州一帶為海盜集團經常出沒之地，如果來自兩地的漢人聚集到臺灣島內，朝廷擔心又會滋生亂事，而不准這些人通行。

為了達到控管效果，清帝國一方面把人遷回大陸，一方面又對新移民立下種種限制，在領臺初期反而造成「人去業荒」的現象。漢人人口在政治干預下短時間內大幅減少，臺灣是否會重新成為原住民的天地？

---

1 徒罪類似於現今犯下有期徒刑罪，或遭受流放的罪行。

危機即契機

如果〈渡臺禁令〉真的嚴格執行，對清領初期的臺灣社會必然會產生巨大的影響。但實務上其實很難完全杜絕兩岸人民往來，限制的危機也反倒成為漢人移民的契機。

儘管清廷採取消極政策，希望臺灣依照規劃接受治理，但移民不可能對各種禁令照單全收。為了謀求生計，移民前仆後繼偷渡而來，甚至出現專門的「客頭」（類似現代的人蛇集團）招攬辦理業務。然而上了船不代表就能安全抵達，幸運抵達臺灣也不代表從此能順利落地生根。在遷徙途中，移民有可能因為被騙、水土不服、染上急症、或發生衝突等原因而身亡。有一首客家民謠〈渡臺悲歌〉便唱道：「勸君切莫過臺灣，臺灣恰似鬼門關，千個人去無人轉，知生知死都是難。」

即便渡海來臺危機重重，中國東南沿海地區的人口壓力與可耕地嚴重不足的問題，逼使勞動力向外尋求契機，並將擁有大片可耕地的新領土臺灣視為目標。但如果走合法的管道，申請必須先經過三道衙門審核，容易受到刁難與限制。此外，即便是合法渡臺者，在港口邊也可能得面對官吏勒索。在幾個現存的〈示禁海口章程碑記〉、〈嚴禁鹿港廳口胥役重索規費碑記〉、〈嚴禁勒索以肅口務示告碑〉等各朝立碑中，都說明官僚體系如何藉由看似合法的檢查趁機索取賄賂。因此，不少「勇敢」的移民寧願選擇偷渡，透過偏門前往臺灣。

當時，雖然朝廷大方向限制人民渡海，但在臺灣佔土圈地的官員仍需要經營人力，申請開墾土地的投資者也急需人手，而有時在臺灣駐守的閩南籍班兵不務正業，在外面經營商店、娼館與鴉片館等，亦想引介同鄉來一起發財。上有政策、下有對策，在防守官兵不可能守住臺灣漫長海岸線的情況下，自然難以禁絕私渡（其實到現在偷渡還是臺灣沿海的大問題），甚至愈禁愈多。康熙年間，一名出身屬漢軍正黃旗的臺灣知府周元文便曾表示，私渡上岸者，真正被抓的「不過千百中之什一」，更指出「臺地既歸版圖，則彼此往來，勢難盡為斷絕」。〔4〕人民勇敢衝撞下，迫使清廷在近兩百年間曾五禁四弛。直到一八七五年，在臺灣海防欽差大臣沈葆楨（一八二〇年—一八七九年）的奏請下，才完全解除這項禁令。不過彼時較少有人選擇去人口已經飽和的臺灣，反而優先出國淘金了。

除了從外部控管，官府對如何開發臺灣也有限制。為了避免漢人移民與原住民產生衝突，或進入官方鞭長莫及的內山地區，官員嘗試實施封禁政策，要求來臺的開墾者必須受到管制，不得進入原住民生活領域，以便將漢人控制在官府可管理的範圍內。不過這些「禁海封山」的政策，基本上與大潮流扞格，最終多只流於紙上文書，難以阻止漢人拓墾腳步與原住民地權的流失。

有唐山公，無唐山媽

早期來臺灣的漢人多為「羅漢腳」，即單身男子。他們來臺最大的希望莫過於獲得耕地與工作；而當事業穩定後，另一個願望也隨之產生，那就是建立家庭、繁衍子孫。如果在臺灣發展順利，積累財富，那移墾者或許能返回原鄉娶妻，再回來繼續打拼，變成遠距婚姻。但如果想在臺灣娶漢人女子成家，那便會面對當時臺灣男多女少，且比例甚為懸殊的殘酷現實。

之所以產生這種現象，一方面因為當時女性外出風險較高，海上習俗亦排斥女子上船；同時，即便正港移民領有合法渡臺照單，仍受到不准攜眷的規定限制。清代初期，臺灣移民社會男多女少的異常結構讓地方官員感嘆「男多女少，匹夫猝難得婦」。相似情況甚至到了十八世紀中期仍出現在中北部新墾區。由於缺少女性，男性成家機會有限，婦女的身價隨之增長，重金聘婚現象也相當普遍，讓貧窮男子難以娶親。當時臺灣社會流行一句俗諺：「一個某，較好三仙天公祖」，意指娶一個老婆勝過供奉三尊神明，可見要找到組成家庭的隊友難度之高。這種背景讓臺灣部分地區的女子地位提高，行動較不受到束縛，在客家婦女中，更出現不纏腳、維持天足的習性，讓部分內地省分官員以之為奇觀。此外，有些男子因為無法娶妻，選擇與同性同住，有人可能是伴侶，有人僅是藉以尋求慰籍，在生理需求與生活穩固的折衝下妥協。

由於單身壯年男子眾多，要維持穩定秩序自是不利，官員因此不時提議解禁，不過整體要到一七八八年，清廷議定「閩、粵民人皆渡海耕種謀食，居住日久，置有田產，自不肯將其父母、妻子仍置原籍，搬取同來，亦屬人情之常」，禁止攜眷的命令才全面鬆綁，女性渡臺終不再有限制。〔5〕在全面解禁前，部分漢人男子選擇娶平埔族女子為妻，今日我們熟知的臺灣俗諺「有唐山公，無唐山媽」，即點出若干漢人家族女性先祖其實是原住民的情況。

透過通婚結合，原住民血統存在於許多臺灣人血液中，構成多元族群融合的新社會。但這種原漢婚姻卻對部落帶來威脅，除了減少平埔族男子婚配機會，形成所謂「番民老而無妻」的現象，更造成部落財產流失。有些平埔族是母系社會，家中以女性為家長，女子是主要財產繼承人，故與漢人男子的婚姻可說是一種入贅婚。然而從漢人的主流習俗來看，丈夫有權管理妻子財產，所謂的「埔漢通婚」，反而讓漢人與平埔女子在結為「牽手」後，藉機合法取得妻子財產與土地，甚至主導部落政策走向。

漢人擴張同時，必然會壓縮到土地原有者的空間，尤其是生活在西部平原地帶的原住民平埔族人。最初漢人開墾平原地帶，除了所謂的無主地，官方規定若是平埔族擁有的土地，墾戶須合法租贌方能取得耕作權。然而，即便政府多次頒布法令試圖保障、禁止漢人透過入贅婚姻手段取得原住民地權、設置隔離漢原空間的「番界」，甚至設置專門處理原住民事務的「理番同知」官員等，要落實政令仍遭遇諸多困難，也趕不上漢人無止盡般開墾。漢人侵墾與非法強佔平埔族人土地的情況不僅無法被抑止，還日益嚴重。平埔族除了得繳納社輸正供、社課等種種賦課，還得為官方提供勞務服務，甚至離開原部落，前往沿山地區防守高山原住民。官方一項又一項措施，讓本來擁有廣大游獵空間，過著自給自足生活的族人增加種種額外支出。為解決困境，有些族人只能透過典當或賣斷讓出土地權，最終更因為失去世居地遠走他鄉。

小故事：番仔駙馬

康熙晚年，來自廣東潮州府大埔縣的張達京（一六九〇年—一七七三年）隻身來臺，在鹿港登陸後，先落足彰化平原一帶，後來去到大甲溪北，與平埔族巴宰族（Pazeh）岸裡社人交易，並在一場流行病疫情中以草藥治癒社人。部落的土官阿莫為了表示感謝，將女兒嫁給張達京。這個契機讓張達京擁有大展身手機會。當時，岸裡社是中部地區、甚至是全臺灣最有威勢的平埔族，過去因為與官方合作立下許多戰功，深受器重與獎賞，領域逐步擴大。然而，擁有土地的岸裡社缺少資金與水利建設技術，擁有資本的漢人則沒有土地，與平埔族通婚的張達京因此有了機會。

由於張達京對部落情況熟悉、熟稔原住民語言，並有「撫綏招徠」之功，官方任命張達京擔任岸裡社第一任通事，擔任部落與官衙間的代表者。張達京成為通事後，開始動腦筋主導當地水利開發，成立向官府承領墾照的土地開發組織「張振萬」墾號（類似於今日合夥股份公司）；同時，他也邀請漢籍有力人士共同投資，與岸裡社第三任總土官潘敦仔（一七〇五年—一七七一年）一起合作，經營與興建水利設施。

為什麼是蓋水利設施，而不是選擇蓋樓房來投資？這是因為當時水稻是最重要的糧食與經濟作物，來臺墾民除了要有土地耕種，水源更是重要課題。此外，帶有穩定水源的土地，價值遠高於得看老天爺臉色的旱園。臺灣河川受限於先天條件，河道大多短促、坡度又急，一年之中的降雨量又不均勻，種種限制讓水利在臺灣開發的過程更顯重要，發展成功與否深深影響收成的豐欠程度。除了農業灌溉與排水，水利設施還涉及漁獲與運輸，因此成為政治、社會層面角力的對象。有學者甚至把清代的水利開發，視為臺灣農業史上的第一次革命。〔6〕

張達京上任通事後與潘敦仔協議，運用所謂「割地換水」方式，即漢人業戶出資，岸裡社人讓出部分地權，取得一定比例的灌溉水權，陸續修築葫蘆墩圳等水利設施。這項建設將荒埔轉化成具有生產力的良田，加速臺中平原水田化的進度，平埔族人由於獲得灌溉水源一度受惠，張達京更不用說，根據官方史料描述，張達京的資產豐厚到「田園、房屋到處散布」，甚至還曾被賜贈官銜，可說是清代臺灣的人生勝利組。

然而，臺中地區後來陸續爆發臺地通事藉機違禁開墾的糾紛，官府遂在一七五〇年代大力整肅，將張達京革職並遣送回籍。不過張家的後裔仍居住在中部地區，迄今仍活躍於政商界中，側映數百年前先祖奮鬥流傳的軌跡。

相對於張家的興旺，巴宰族則日益處於生存劣勢。由於割地換水的舉措讓漢人快速成長，原先生活在當地的巴宰族生活空間遭大幅壓縮，加上經濟的困頓，最終集體流離到今日的南投埔里。如此的轉換，可說是當時大時代的縮影。

新社會的形成

從明鄭時期到清朝統治初期，不少閩粵地區的渡臺人民在春時來耕，秋成回籍，隻身來去。之後，由於清廷海禁漸嚴，來臺灣的人不容易復歸，已經有產業的人更不願放棄田園，就地居住者反而漸多。當時，臺灣府城成為海外一大港市，各地逐漸形成各具在地特色的生活圈。臺灣主要山脈縱貫南北，重要河川則多半成東西走向，讓南北交通往來不便。為因應各地自然與人文環境差異，漢人分別在各地區形成不同開墾型態與文化。綜觀臺灣村落，中北部地區大抵屬於分散性小型聚落，南部村落則偏向大型聚落。這種分布以濁水溪為界，形成南部集村與北部散村的差異，與現在臺灣近半人口集中在北部縣市，並有近三分之一人口聚居在北北基的情況大相逕庭。

來到臺灣的漢人主要來自福建閩南地區的泉州府、漳州府，以及廣東省潮州府、嘉應州及惠州府等地，這些地區都比較接近臺灣，也較容易順向渡航。從比例來看，根據一九二六年臺灣總督府大規模調查，來臺移民的祖籍地在泉州者佔四十五%，漳州佔三十五%，廣東約佔十五．六%，另有少部分移民來自閩西與其他地區。可以說具有地利之便的閩粵兩省，構成臺灣漢人主要祖籍來源，甚至戰後播遷來臺的外省移民，也是以福建居冠。這讓臺灣在轉型成漢人社會時，又稱為「河洛人」的閩南人穩居主要族群。不過，來自粵東、閩西的客家族群雖然人數較少，也是不可忽視的力量。即使到了今日，客家人在若干地區的地方自治與社會運作中，仍扮演舉足輕重的角色。

在地理空間分布上，泉州人較多住在靠海線的西南部平原地區，客家族群偏向定居在近山平原、丘陵、臺地或靠山區域，漳州人則分布於前兩者中間。整體來說，不同省籍的漢人分布可理解成「海口多泉，近山多漳，與山地原住民毗連者則為粵籍人」。之所以造成這種分部，與渡海交通條件和移民來臺前在原鄉的生活方式有關。由於同一族系群體在同鄉援引，或本身具備的生活技能考量等，通常會群聚而居。如果有讀者看過公視改編自陳耀昌長篇小說《魁儡花》的連續劇《斯卡羅》，應該能從劇中原住民女主角的處境，揣想出在清代臺灣，要穿梭於各族群間一定得具備多聲道技能，才不會鴨子聽雷。若無法聽懂對方語言，自然容易產生隔閡，甚至造成衝突。因此即便生活在府城或臺北盆地之類的小區域，也會有明顯同鄉聚居的趨勢。

不同籍貫間的移民由於語言與風俗殊異，加上開墾、勞務與經商造成爭地搶水衝突，有時只是在路上互瞄一眼，也能演變成牽動跨庄越縣的大規模「分類械鬥」，甚至升級成民變。例如康熙年間發生「鴨母王」朱一貴的抗清事件，其中隱含閩籍福佬語系的朱一貴結合粵東三陽福佬語系的杜君英，對抗粵籍鎮平、閩籍汀州客家語系人士的大背景。但即便是同一個語系，也可能因故引發分類械鬥，例如臺北艋舺（今萬華）的頂下郊拼，便是泉州府晉江縣、南安縣、惠安縣的頂郊（郊為商業組織），與泉州府同安縣的下郊發生的火拼。

到了十九世紀中葉，雖然隨著社會開發與族群融合，分類械鬥逐漸緩和，但族群間的分立性並未消弭。有的家族便傳說誓死不與某姓或某地人士通婚，例如在宜蘭的羅東、冬山地區的林李兩家族曾因賭博引發糾紛，當時陳姓居中調解，但林姓不從，遂使陳、李兩姓聯合起來對抗林姓家族。後來三個家族鬧到一發不可收拾，官方不得已派兵鎮壓，民間遂留下「陳李林，結生死」的俗諺，林姓家族更直言「陳無情、李無義，姓林仔娶家己。」過往遺留的恩怨，致使有的家庭長期堅持陳、李與林姓不通婚的家規。這種現象從當代自由婚姻觀點來看或許讓人驚訝，卻反映清朝官治能力有限，民間必須自保謀生的不安定時空背景。如有些客籍移民因為生活在閩南族群優勢的區域，而選擇隱匿身分、重新學習閩南話。漢人移民們便是在這種情境下不斷調整與改變，逐步建立起適應當時社會的某些生存模式與潛規則。

共同逐利

對空間的命名掌握，是漢人社會立足臺灣的指標之一。最初漢人度臺最大的目的就是開墾成田，因此許多漢人詮釋的地名都與「田」有關，例如田中、田尾、田寮等。此外，涉及到開墾制度及面積等字詞，也是地名命名的主流之一，例如象徵墾荒組織的「股」、「份」、「結」、「圍」，或代表土地單位的「甲」、「犁」、「張」等。

早期臺灣能申請開墾的土地面積廣闊，個體不太可能獨立開墾，或拿著犁鋤、拉著牛就開始犁田。彼時，大部分土地是由群眾合力投入，開墾行動也由前述類似開墾公司的墾號主導。現今看到像是「股」的地名，如新北五股、臺中霧峰六股、臺南七股等，正是見證人們共同出資、一起開墾的歷史痕跡。在初步就緒後，眾人再細分持有土地，因而出現「分」、「份」等地名，如臺北松山五分埔、新北九份、苗栗頭份等地即為代表。相較於十八世紀漢人進入臺灣西部的摸索時期，十九世紀與原住民對抗日久的漢人，在進入蘭陽平原時顯然已採取更有組織性的團隊作戰方式。因此，像是「結」、「圍」便是宜蘭地區特有名稱，例如二結、四結、五結、頭圍、二圍等。

除此之外，有些地名會出現「甲」，如高雄鳳山五甲、臺南六甲等，意指現行仍通用的農地山林面積單位。「犁」是耕田最重要的工具，也成為計算農地的單位。通常一張犁為五甲農地，也是農夫一天可耕作的範圍。現今能看見諸如臺北六張犁、七張、二十張等地名。如臺北的六張犁、七張等，亦反映早年漢人移墾的足跡。

長久以來，閩粵地區有重商趨利的傳統，來臺拓墾人士的經濟動機強烈不可言喻。清代初期，由於在臺灣定居的漢人不多，原住民消費能力也有限，農業生產所得自然以中國內地省分的島外市場為目標，這讓臺灣初期的農業經營在濃厚的出口導向下展開。

清代臺灣生產主要作物包含糧食、經濟作物與手工業初級原料等。除了稻米與甘蔗（蔗糖），當地更廣泛種植藍染作物（木藍、山藍）、油脂作物（花生、芝麻）與苧麻等。其中水稻的經營最為重要，因為稻米能食用，更能運往缺糧地區高價販售以取得利潤，有時農民甚至地主都寧可賣出稻穀，自己吃相對便宜的番薯配米飯。而像甘蔗、藍染作物、油脂作物等經濟作物的栽種與加工有時能帶來更高利潤，農業移民因此樂於經營，也會隨市場波動轉換種植作物。如今這些產業多已淡出，不過其遺跡卻以地名方式留存。例如代表傳統製糖產業的地名廍仔、舊廍、下廍、廍後、廍尾、賴厝廍；生產藍靛染料的菁山、菁礐、菁寮；反映當地曾經營榨油行業的油車、油庫口等老地名。這些地名除了成為地方慣稱，部分更被轉換為道路名來存續。

漢人在臺灣大量生產的商品，主要都輸往沿海各省。一七二一年臺灣發生朱一貴事件後，清廷派遣巡視臺灣監察御史來臺，負責監察臺灣吏治，稽核地方行政（不過監察御史沒有拿著尚方寶劍）。當時，首任滿人御史黃叔璥（一六八二年—一七五八年）形容臺灣的稻米收成「千倉萬箱，不但本郡足食，並可資贍內地」。而臺灣居民「止知逐利，肩販舟載，不盡不休，所以戶鮮蓋藏」。黃叔璥描述這種「臺灣錢淹腳目」的盛景，更指出當地的習俗奢侈，連工資與物價都特別高。重要的港市陸續出現像是「郊」、「郊商」、「行郊」等商業組織，負責運作與中國本土的對口貿易，其中知名的大郊商，包含南北郊、糖郊、鹿港八郊與淡水八郊等，在在反映漢人移民建立起的聚落，絕非僅是安土重遷的小農經濟，而是更具有濃厚創業、謀利、企業與冒險精神的社會。

文化移植與在地性的轉化

漢人的移居改變臺灣地貌與經濟發展，他們從原鄉帶來的社會風俗影響原住民族生活方式，並逐步主導整片土地的文化模式。尤其在清帝國治臺長達兩百多年期間，當漢語系移民成為主流人群，臺灣被納入漢字文化圈深刻影響臺島歷史文化的組成結構。

前述提到的地名便是一例，漢人移民渡臺後，以漢語稱呼的地名指標逐一形成，各種冠上姓氏的村落如雨後春筍般冒出，數量超越原住民部落，象徵優勢文化的轉換。移民們也帶來營生所需的生活工藝、心靈寄託的宗教廟宇、娛樂性質的民間演藝，以及原鄉風味的飲食與烹調技術等。當生活獲得溫飽，他們開始追求儒化教育與科舉功名。清領時期，漢字文化的知識傳播者、權力教化者或地方頭人，共同促進漢人主流社會穩固紮根。不過，隨著漢人文化深入日常生活，諸如喜愛健訟、重男輕女，或者視萬般為下品、只有讀書高等傳統，也逐步深入社會風氣中，在現代生活中依然能窺見部分餘韻。

值得一提的是，漢人移民對文化的移植並非只是橫向拷貝，在遷徙與定居過程，移民往往因融入本地風土以及與原住民交流而產生改變。例如臺灣的媽祖信仰興盛，在當地從航海神變成無所不包的天上聖母，廟宇規模與祭祀活動更遠超越原鄉，與福建的傳統產生斷裂。祭祀信仰空間與地方社會發展息息相關，信仰祭儀常與年節行事相配合，主導臺灣庶民社會時曆與祭祀的生活節奏，反映漢人從移民到成為居民，並非只是模仿內地，更發展出在地化的漸變潮流。

而族群間的交流也讓原住民族的風俗習慣與漢人社會相互融合，嶄露出新的風貌。如臺北市的萬華，以閩南語發音的舊稱為「艋舺」，係源自於凱達格蘭族對小船的稱呼；清領時期居住於恆春地區的阿美族由於與漢人接觸，習染漢人宗教文化，開始會祭祀漢人神明，並有燒香拜拜等習俗。在今日，許多原住民族的文化圖騰，更成為社區營建與地方地標汲取設計靈感的來源。

當然，臺灣漢人社會的在地認同仍需仰賴時間積累。移民對自身的定位，先是逐步從同安、安溪、南安、南靖、漳浦、潮汕等原鄉認同，轉換成鳳山、嘉義、彰化、淡水等在地認同。甲午戰爭後，日本以《馬關條約》取得臺灣，並在一八九五年正式展開殖民治理。根據《馬關條約》規範，臺灣人民有兩年的國籍選擇權，如果到一八九七年五月八日仍未離臺者，日本總督府即依《臺灣人民國籍處分辦法》自動將其納為日本國民。最終，有九十九％

以上的人都選擇留在臺灣。不過，這並不代表絕大多數人都是因為愛臺灣而留下，影響更多的反而是現實因素。因為離開這裡，意味著要放棄努力得到的一切，因此當時只有極少數在外地仍有相當資產的人才有辦法放手離開。

留在臺澎的兩百多萬人，由於受到外族五十年的殖民統治，強烈的異己差別待遇，讓人們逐漸萌生一股整體的認同感。同時，日治時期全島性的交通建設與貿易、職業往來，讓漢人彼此交流接觸機會上升，逐步消融族群的認知與隔閡。此時，「臺灣民眾」、「本島人」等詞的浮出，反映時勢風向流轉。戰後大批外省軍民到來，則帶來另一波界定與區分。從十六、十七世紀開始，漢人移民透過祖籍地辨識族我，到戰後以「本省／外省」劃定與突破身分疆界，漢人的移徙與在地化，可說是不斷變動且再深化的歷程。

新家園、新夢想

對蔚藍海洋間的福爾摩莎島來說，無論是荷蘭東印度公司、鄭氏王朝或清代官員，都與新來的移民一樣是外來者。當統治者遂行自身理念，立下種種措施，往往低估民間社會的活力與特殊性。官員與移民在**雙重外來**的特徵下，雙方力量時有拉扯，進而型塑臺灣歷史的面貌。漢人的繁衍似乎是理所當然的線性歷程，但實際上卻是多重歷史偶然，以及人為努力交揉轉衍下的曲折過程。無論是移墾或逃難，現今族群差異逐漸淡薄，無論原住民或是先後來到的移民，都在探索新的認同身分與定位，而這塊土地，即是大家的家園，一個永續夢想的寄託所在。

[1] 有關十七世紀到戰後臺灣人口總數、人口成長率與族群比例相關數據，可參見 Barclay, George, Colonial Development and Population in Taiwan. Princeton: Princeton University Press, 1954. 陳紹馨，《臺灣的人口變遷與歷史變遷》（臺北：聯經出版事業公司，一九七九年）。行政院主計總處編，《中華民國一〇九年人口及住宅普查報告》（臺北：行政院主計總處，二〇二二）。

[2] 村上直次郎原譯，郭輝中譯，王詩琅、王世慶校訂，《巴達維亞城日記》第二冊（臺北：臺灣省文獻委員會，一九七〇年），頁四三九。

[3] 臺灣銀行經濟研究室編，《清史稿臺灣資料集輯》（臺灣文獻叢刊二四三種。臺北：臺灣銀行經濟研究室，一九六八年），頁五〇五。

[4] 周元文，《重修臺灣府志》（臺灣文獻叢刊六十六種。臺北：臺灣銀行經濟研究室，一九六〇年），頁三二六。

[5] 《宮中檔奏摺-乾隆朝》，福康安、徐嗣曾奏，〈奏為清查臺灣積弊酌籌善後事宜〉，乾隆五十三年五月九日，故宮〇七九九三〇號，國立故宮博物院。

[6] 相關研究可參考Ramon H. Myers, “Some Reflections on Taiwan Economic History,” Paper Presented at the Conference on Chinese Histroy: the Province of Taiwan, Asilomar, California, Sept. pp.24-29, 1972.

第三章：普世與本土的宣教腳蹤

盧啟明

世界基督教與臺灣

若要談到基督宗教在世界的傳播與在臺灣的發展，一般來說可以分成幾個階段。首先，公元前四年到十六世紀，基督教接續猶太傳統文化，在西亞和小亞細亞一帶開始發展，從耶穌基督的生命故事拉開序幕。緊接著，從初代教會到中世紀，基督宗教逐漸形成羅馬天主教的傳統。十六世紀，歐陸發生宗教改革，形成基督教／新教的宗派；十七世紀各個宗派開枝散葉，強調「進入世界，改變世界」的改革宗傳統逐漸形成。

十八世紀，基督教的發展聚焦於歐洲向美洲移民的敘事，同時結合「敬虔」與「知識」

的啟蒙運動，深深影響蘇格蘭和加拿大。到了十九世紀，隨著帝國殖民擴張，教會也開啟海外宣教的紀元，西方國家開始派遣宣教師到全球各地傳布福音。最終，在二十世紀，隨著世界交流日益頻繁，以服務性學生志願運動為背景的普世合一運動成為教會發展顯著趨勢，其主張世上的基督宗教本為一體，理應共同推動事務、促進連結、跨越教派或傳統的藩籬，最終謀求全球共存共榮。

其實，早在十七世紀，也就是與殖民活動並進的荷蘭、西班牙治理時期，臺灣就已步入世界的舞臺。當時，荷蘭改革宗教會曾對南部原住民傳教，北部則有西班牙天主教會的活動，惟兩者並未有效延續，今日只留下些許足跡。到了十九世紀中葉，天主教道明會與基督教長老教會先後來到臺灣，開啟延續到今日的臺灣基督宗教序曲。在這之中，基督教尤其注重發展普世合一運動，影響所及，臺灣的宣教概況很快就與世界脈動相互連結。例如一九一〇年，在被稱為普世合一運動起點的世界宣教會議（又稱為愛丁堡大會）中，大會報告名列臺灣的宣教成果，揭示「一切都有利於在臺灣積極進取。在不大的土地上，障礙如此之少，而且條件如此有利於迅速而徹底的傳福音。」蕞爾小島，竟然在世界地圖上成為一個亮點。

World Missionary Conference, 1910

(To consider Missionary Problems in relation to the Non-Christian World)

REPORT OF COMMISSION I

CARRYING THE GOSPEL

TO ALL THE

NON-CHRISTIAN WORLD

With Supplement: Presentation and Discussion of the Report in the Conference on 15th June 1910

PUBLISHED FOR THE WORLD MISSIONARY CONFERENCE BY
OLIPHANT, ANDERSON & FERRIER
EDINBURGH AND LONDON
AND THE
FLEMING H. REVELL COMPANY
NEW YORK, CHICAGO, AND TORONTO

FORMOSA

1. *Population.*—The total population is about 3,250,000, of whom 2,800,000 are Chinese. Dwelling in the mountains are about 120,000 savage aborigines, the hereditary foes of the Chinese. On the eastern plains are about 200,000 civilised aborigines, who have accepted Chinese civilisation, and are known as Pepohoans, or barbarians of the plains. There are in addition 55,000 Japanese who are a controlling force inasmuch as Formosa has become a part of the Empire of Japan. Formosa is thus practically a Chinese mission—a fragment separated from the great mass.

The population is accessible. Distances are not great, the island being only 250 miles in length, and at its widest point only 80 miles wide. A railway extending throughout the whole length of the island touches the principal centres and has brought all other communities within easy reach. The problem of travel is further simplified by the fact that owing to the widening of the mountains at a certain point the island is divided into two sections, the northern section containing about one-third of the total population and the southern about two-thirds. There are thus two naturally defined constituencies, compact and self-contained, capable of cultivation without the expenditure of time and strength involved in travelling long distances.

2. *Work already Done.*—The English Presbyterian Church has occupied the southern portion of the island since 1865. They have six ordained missionaries, three medical missionaries, and six unmarried women in the field. A good plant has been established at

68

一九一〇年愛丁堡大會標誌普世教會合一運動開端，臺灣亦以福爾摩沙之名列於大會報告書中。（圖片來源：臺灣基督長老教會歷史檔案館）

值得注意的是，普世合一運動中的「普世」（ecumenical）一詞來自希臘文*oikoumene*，意指「整個生存或居住的世界」，其字根*oikos*就是「家」，相關詞彙還有生態（ecology, *oikonomia*, 意指家的周遭環境）或經濟（economy, *oikologia*，意指家的分配流通）。換言之，「普世」就是「共享美好家園」的意義。十九世紀，這些西方宣教師雖然在商業競爭與帝國主義等背景下來到臺灣，但一抵達當地，就與斯土斯民締結緊密關係。換言之，他們是加入一個新的家園、參與生活，甚至受苦。傳播宗教的基本精神就是「離開舒適的環境」，在臺灣本土化與現代化的歷程，這群宣教師扮演舉足輕重的角色。他們不只帶來宗教、醫療、教育，更帶來一種開啟心眼的嶄新世界觀。

南部基督教的草創

一八六五年，英國長老教會的醫師馬雅各（James L. Maxwell）在府城展開醫療宣教，翌年，陳齊、陳和、陳圍、高長等第一批本土信徒接受洗禮。之後，由於基督教會事務在當地受到官方阻擋，宣教師遂改往高雄木柵、臺南岡林等平埔族山區布道，獲得良好成效。

一八六七年，英國長老教會派遣首位牧師李庥（Hugh Ritchie）到打狗服務。翌年發生樟腦事件（又稱安平砲擊事件）。彼時，英國不滿清廷不遵守《天津條例》，未依法開放樟腦合法貿易，並且當地官員將樟腦改為官辦專賣；同時，在鳳山、旗後、府城一代陸續發生反教案事件。種種複雜成因，讓英國決定派出皇家砲艦佔領安平與熱蘭遮城，要求中國官員履行國際條例。事後，清廷告示基督教得以在臺灣內陸自由傳布，宣教師於是將中心點設於府城。

到了一八七一年，臺灣南部已有一千六百三十五名信徒，宣教範圍東至木柵、南至東港、北至埔里，教區頗為遼闊。一八七五年，蘇格蘭牧師巴克禮（Thomas Barclay）來臺接替李庥，主導成立府城大學（Capital College），即今日臺南神學院的前身。這段時期巴克禮貢獻良多，除了修譯整本臺語聖經、推動臺語羅馬字，他更創設臺島第一份報

巴克禮與妻子伊莉莎白。（圖片來源：巴克禮紀念教會「伊莉莎白紀念教堂獻堂影片」）

巴克禮、劉忠堅、蘭大衛、萬榮華、滿雄才等宣教師寫真帖。（圖片來源：臺灣基督長老教會歷史檔案館）

紙《臺灣府城教會報》，並增補《廈英大辭典》。在這群專業的宣教師通力合作下，南部教會的事務迅速發展。

一八九五年，臺灣進入日治時期，該年適逢長老教會傳入三十週年。日治初期，臺灣總督府與長老教會關係尚稱良好，官方承諾提供教會最大協助。從一八九五到一九〇五這十年間，南部有巴克禮、宋忠堅（Duncan Ferguson）、廉德烈（Andrew B. Nielson）三位牧師協力工作，信徒人數倍增；中部由牧師梅監務（Campbell N. Moody）與醫師蘭大衛（David Landsborough III）協力開拓十八間教會；臺中大甲、苑裡一帶則在牧師劉忠堅（Duncan MacLeod）耕耘下也有所進展，不少漢人家族領袖改信基督教，例如大甲的陳其祥家族、屏東的吳葛家族等，這些氏族對宗教的延續都產生很大助力。

從清領到日治，南部基督教逐漸拓展據點，並進行一連串改革與服務建設。在教會體制上，一八九六年，長老教會召開首屆南部中會。一般而言，這場

宋忠堅、林燕臣與長老教中學師生合影，設於一九〇〇年。（圖片來源：臺灣基督長老教會歷史檔案館）

會議被視為臺灣人最早用民主式「開會」決定事務的會議，參與者從人事財務到信仰教制無一不談，長老教會的運作不再是外國人說了算。一八九八年，教會封立最早兩名本地牧師潘明珠與劉俊臣，奠定本土播傳播信仰的種子。

在教育事務方面，一八八五年，長老教會設立全臺第一所中學「長老教中學」，這所學校也是今日長榮中學的前身。長老教中學的歷屆老師臥虎藏龍，首任校長余饒理是教育學專家，教授漢文跟臺語的林燕臣是一名秀才，也是蘭大衛醫師剛來臺灣時學習臺語的老師。另一名教師萬榮華（Edward Band）提倡「全人教育」，更將足球運動引入臺灣。一八八七年，宣教師接著成立「長老教女學校」提倡女子教育，即臺南長榮女中前身。除此之外，長老教會在醫療衛生方面也有所貢獻。一八八八年，醫師盧加閔（Garvin Russell）來臺，一八九〇年在今日臺中神岡設立大社醫館，也定期在彰化總爺街設巡迴醫療站。盧加閔由於醫術精良、待人親切頗受好評，可惜後來積勞成疾，在一八九二年病逝，年僅二十六歲。

一八九九年，醫師蘭大衛創設彰化醫館，苦心主持院務，並傳授知識給本地優秀青年。一九〇〇年，臺南新樓醫館成立，歷任院長包括德馬太（Matthew Dickson）、安彼得（Peter Anderson）、馬雅各二世（James L. Maxwell Jr.）、戴仁壽（George Gushue-Tylor）與周惠憐

（Percival Cheal）等。南部教會無論在教育與醫療層面的宣教事務，都獲得長足進步。

馬雅各的醫療事蹟

在眾多宣教師故事中，值得一提的是醫師馬雅各。一八六五年六月十六日，馬雅各在府城看西街（今仁愛街四十三號）創辦醫館，開啟臺灣醫療宣教的先驅，這所醫館也是今日新樓醫院前身。草創時期，本地漢醫與居民由於排外情緒使然，包圍與破壞診所建築，馬雅各不得不搬遷到打狗的領事館附近設置醫療宣教據點（今日的旗後教會前身）。一八六七年七月，馬雅各等人又在埤頭（鳳山）設點。

一八六八年，馬雅各再度返回府城，在昔稱「舊樓」（今臺南啟聰學校附近）地區繼續行醫。之後。馬雅各獲得英國母會援助，購買東門附近土地，在一九〇〇年正式建立當時臺灣最大的現代化醫院「新樓醫院」。一八六九年，馬雅各設立亭仔腳街禮拜堂（今日的太平境馬雅各紀念教會前身），透過一邊傳教一邊行醫，翻山越嶺深入平埔族各部落，造訪包含木柵與左鎮地區的西拉雅族，白河、嘉義地區的洪雅族，以及埔里、豐原、神岡一帶的巴宰族。

馬雅各把臺灣當成「家」的方法，是毫無保留貢獻他的專業醫術，他認為自己的醫術應當幫助在這個家園的窮苦人們。儘管他畢業於當時全世界最好的愛丁堡大學醫學院，留在英國必能功成名就，享受優渥的生活，然而他卻在二十九歲時毅然前往遠東。臨別前，他留下一撮金髮，送給已經訂婚的未婚妻瑪莉（Mary Ann Goodall），意味著他可能回不來，但更希望兩人在信仰的庇祐下平安再相見。最終他們如願以償，一八六三年在香港完成終身大事，太太也一起前往臺灣。

馬雅各與妻子瑪麗寫真帖。（圖片來源：臺灣基督長老教會歷史檔案館）

在服務期間，馬雅各不斷傳授醫學教育與衛生知識。但在他眼中最嚴重的「害人勾當」是英國的鴉片販運業。他在一八七三年發表過證詞，收錄在內地會（China Inland Mission）出版的著作《吸鴉片的真相》（*The Truth about Opium*）。在該篇文章中，馬雅各從醫學角度佐證吸鴉片帶來的致命傷害。他提及打狗雖然只有約三千位居民，但賣鴉片的店竟然比賣糧食的還多。他在打狗行醫前四個月，發現在六百四十九名病人中，有兩百四十七名吸鴉片者，其中有一百〇九人希望戒除毒癮。當他看見基層勞工「瘦弱如燕」的臉孔時，心中感到無比痛苦。馬雅各指出，有些人把鴉片當成可預防瘧疾的藥物完全是錯誤觀念。英國進口鴉片更是違背道德，讓清國難以擺脫毒害與罪惡。此外，他還提及吸鴉片比抽煙喝酒更危險，除了讓精神萎靡，更造成毀滅性惡習，只有不肖英商才會宣稱「嗎啡素會隨著燃燒而揮發」。因此，他總結英人應該放棄這種不公平又丟臉的邪惡收益，以免帶來永久的詛咒。

馬雅各全力關心社會、反對煙毒。一八六九年，受到馬雅各影響受洗的初代信徒高耀原先不僅吸食鴉片，更是煙館老闆。他在戒毒後成為馬雅各助手，在府城開設臺灣第一家西藥房「仁和堂」，藉以引人信主、戒斷毒癮。一八八八年，馬雅各返回倫敦參與國際宣教會議，發表煙毒對清國人的戕害。之後他奔走各地，組成遊說團體向國會施壓，也與清廷駐英公使郭嵩燾商談，終於促成國際禁煙反毒運動。

馬雅各前後在臺工作約七年，後因清法戰爭與妻子健康狀況而返國，但他對臺灣仍抱著熱愛與認同。一九一五年，他在寫給母會的信函提及：「祈求上帝藉此禧年，而作為臺灣獲得更大幸福之源頭……上帝召我在此美麗島傳佈福音，我以此為最大的光榮。」他視病如親、關懷貧病民眾，除了開啟臺灣近代醫學的發展，也是最早倡導禁戒鴉片的醫師，對醫療人權和防疫反毒具有開創性的貢獻。馬雅各樹立的典範在後疫情時代的臺灣，可說具有啟發性意義。

北部基督教的開拓

一八七二年三月九日，加拿大長老教會駐臺首任牧師偕叡理（George Leslie Mackay 通稱為馬偕）抵達滬尾，揭開北臺宣教史第一頁。馬偕的據點之所以定錨在滬尾，是因為他與英國牧師李庥協議以大甲溪為界，在南北各自努力。馬偕奮鬥了近三十年，一九〇一年去世，畢生建立多達六十間教會，成果可觀。

日治時期，北部教會從草創開拓期漸漸步入組織培育期，制度趨於完備。一八九二年，出身加拿大安大略的牧師吳威廉（William Gauld）來臺，他是一名建築家，也是富有民主素養的組織者與領導者。之後，負責神學教育工作的宣教師約美但（Milton Jack）、積極推動醫療工作的宋雅各（James Y. Ferguson），以及從事婦女教育的金仁理（Janie Kinney）與高哈拿（Hannah Connell）等女宣教師陸續前來服務。專職人員數量增加，直到一九〇四年，眾宣教師召開首屆「北部中會」，開啟北部長老教會的民主合議制度，本地人開始有參與決策的空間。

在教育方面，教會人士認為兩性要平等，女子接受教育刻不容緩。因此，一九〇七年，長老教會在淡水成立六年制的淡水女學堂，招收年輕少女；一九一〇年再成立二年制的婦學堂，對象為成年婦人。一九一四年，為了提高神學校的入學程度，馬偕之子偕叡廉（George William Mackay）開辦淡水中學校，並擔任首屆校長。在醫療事務方面，一九一二年馬偕紀念醫院成立於臺北雙連埔；一九三四年，戴仁壽在八里為診治被人鄙棄的漢生病患（舊稱癩病、痲瘋病）創設「樂山園」，成立時總督府還贈碑賜金，肯定他的關懷走在政府前面。後來，日本人也在新莊成立「樂生院」收治病患，這些帶有社會服務性質的機構都延續至今。

偕叡理的宣教故事

談到臺灣最為人熟知的外國牧師，非馬偕莫屬。他意志堅定又富有遠見，一心效法使徒保羅的精神，主張「不在基督的名被稱過的地方傳福音」。馬偕曾受過簡易的醫學訓練，善於為人拔牙治療口腔疾病，在臺灣流行瘧疾期間，亦曾將奎寧加入檸檬汁調配成「白藥水」，醫治許多病人。透過結合醫療與宣教，馬偕得以緩和宣教初期人民的恐懼與敵意，

臺灣初代信徒大多來自社會底層，從事職業多為佃農、轎伕或粗工。馬偕在宣教初期曾遭遇許多困難，由於人民對基督教感到陌生與排拒，時而攻擊毀壞禮拜堂，皈依的信徒也多受攔阻嘲諷。同時，由於傳統漢人社會崇尚祭祖，有的教會人士將之解讀為拜偶像，認為必須揚棄，讓諸多本地人誤以為基督教主張「不孝」，對信仰產生負面印象。

面對種種迫害和困難，馬偕秉持著「寧願燒盡，不願鏽壞（rather burn out, than rust out）」的精神，堅毅地進行宣教。一八七三年二月九日，馬偕在眾人嘲笑與叫囂聲中，為嚴清華、吳寬裕、王長水、林孽及林杯五名初代信徒施洗，並在隔週舉行北部第一次聖餐。同年三月二日，因為五股坑村長陳炮獻地捐資，馬偕興建北部第一間禮拜堂「五股坑教會」，

當地許多村民聽聞傳道後心中獲得平安，紛紛跟著皈依信仰，其中也包含將養孫女許配給馬偕的陳塔嫂。

一八八〇年，馬偕收到美國底特律一名「馬偕船長」的遺孀捐資興建醫院。為了紀念這名與自己同姓氏的船長，馬偕將這間開設於淡水、並作為北臺灣歷史最悠久的西式醫院命名為「偕醫館」(Mackay Hospital)。該醫院的創立，讓馬偕的醫療宣教事務更加穩固。

一八八二年，馬偕在淡水砲臺埔建立北部最早的學校，正式漢名叫理學堂大書院（Oxford College 通稱牛津學堂）。一八八四年，受到清法戰爭影響，北部多處教堂被暴民誤會而破壞，後來獲得清廷的賠償，才陸續重建。一八八五年，馬偕自行封立嚴清華與陳榮輝為北部最早的本地牧

馬偕牧師（左前）、盧加閔醫師（左後）、亞斯頓船長（右前）、安基爾醫師（右後）合影，照片攝於一八九二年一月。（圖片來源：蘇文魁）

師，成為得力助手，不久，數名宣教師陸續到臺灣服務，歷經眾人耕耘，北部教會逐漸站穩，開始有了工作團隊。

由於來自迥異的語言文化背景，馬偕來臺初期曾向李庥學習一些日常會話。為了快速掌握異國語言，他向臺灣當地的牧童主動求教、彼此交談，並運用字典研究漢文結構。五個月後，馬偕竟然能用臺語講道，更在一八九三年編寫《中西字典》，是臺灣最早一部臺語英漢字典。他不但娶本地女子張聰明為妻，過世後也葬於現今淡江中學校內，可說是外國人「認同臺灣」的典範人物。

馬偕的同工、牧師兼醫師華雅各。（圖片來源：The Boston Library）

二〇二四年，馬偕來臺已超過一個半世紀。如今他埋骨在淡水，以一輩子生命作為見證，這位牧師到底如何看待這座蕃薯島嶼？在他撰寫的詩文〈最後的住家〉中，馬偕是這樣說的：

我全心所疼惜的臺灣啊！我的青春攏總獻給你。我全心所疼惜的臺灣啊！我一生的歡喜攏在此。我在雲霧中看見山嶺，從雲中隙孔觀望全地，波瀾大海遙遠的對岸，我意愛在此眺望無息。

我心未可割離的臺灣啊！我的人生攏總獻給你。我心未可割離的臺灣啊！我一生的快樂攏在此。盼望我人生的續尾站，在大湧拍岸的響聲中，在竹林搖動的蔭影裏，找到一生最後的住家。

基督教的自立合一

日治時期，儘管臺灣基督教長老教會經歷組織擴展期，然而在一九三七年到一九四五年戰爭期間，教會面對軍國主義的挑戰，運作得十分艱辛。長老教中學學生被要求參拜神社、神職人員被迫參加思想改造大會，基督教甚至被總督府文教局納入戰時統治機構「日本基督教臺灣教團」，以便於日本政府進行管制與徵收教會物資。這些被迫屈就於戰時體制的不堪經驗，深刻反映出殖民時期尾聲政教衝突的張力。

一九四五年，二次大戰結束後，長老教會拋開殖民統治的枷鎖，日治時期離開臺灣的宣教師重新歸返，本地信徒也再次興起。這段時期相當重要的事件，是一九四八年普世教會協會（World Council of Churches, WCC）在荷蘭阿姆斯特丹正式成立，掀起普世合一運動的壯闊波瀾。

在普世運動中，「青年」與「合一」一直是兩個最重要的議題。時常，信仰基督宗教的年輕人會從體制外發出呼聲，提醒教會當權者捐棄成見，臺灣同樣深受這股趨勢影響。一九四八年，一群充滿熱情的教會青年在淡水舉行「全國基督徒青年夏令營」，與會的一千兩百四十三人發表宣言，展現改革教會的朝氣。他們呼籲：

> 阮臺灣全省基督徒青年夏令會全體有承認「耶穌是主」作阮一切的生活原理。所以阮迫切希望南北教會快快聯合。續希望恁諸位當局先生能明思潮、識動向，來盡掌理主所交託恁地上的教會的責任。合則立，分則亡！(United will stand, divided will fall.)

一九四九年，牧師明有德（Hugh MacMillan）等人指導成立「臺灣教會青年團契」，持續傳達年輕人的呼聲。一九四九與一九五〇年，教會領袖也召開兩次「奮進協議會」，密集討論「南北合一基本方案」。終於，在一九五一年三月，臺北雙連教會召開首屆臺灣基督長老教會總會（General Assembly of the Presbyterian Church of Formosa，一九七〇年組織改名為General Assembly of the Presbyterian Church in Taiwan），設置傳道、教育、事業三處，以及法規、考試、聖詩三個委員會，完成組織與行政的合一，邁向新的契機與挑戰。不久，長老教會隨即加入普世教會協會、世界歸正教會聯盟、世界傳道會、亞洲基督教協會等國際教會組織，積極參與普世運動。

戰後，臺灣教會和國外母會逐漸轉為「伙伴關係」，開始建構本土化的神學，強調鄉土、自決與身分認同的課題，也就是到底要用什麼樣的宗教關懷，來面對臺灣的歷史與文化。在各國教會的交流中，臺灣教會以本土化形式呈現音樂、崇拜、禮儀與藝術表現，透過融合普世與本土兩種特質，賦予宗教信仰實況化（contextualization）的特色，用比較淺白的語言解釋便是「接地氣」。藉由援引本土議題與處境來詮釋教義理念，基督教不再只呈現外來宗教的面貌，而成為世界一家的成員。

值得注意的是，一九七〇年代後，臺灣社會面臨外交孤立、政治專制與文化斷層等多重困境，許多宣教師直接投入關懷臺灣的民主發展與政治運動，因此被驅逐出境或拒絕居留。例如美國衛理公會的唐培禮（Milo Thornberry）、美國長老教會的韋禮遜（Donald Wilson）由於協助臺灣獨立運動領袖彭明敏躲避政治追緝，而被限時遣返回國，遭到黨國列為黑名單。另外，例如郭大衛（David Gelzer）以及英國長老教會的彌迪理（Daniel Beeby）等人，歷經臺美斷交、教會發表人權宣言、美麗島事件、高俊明牧師被捕、林宅血案、義光教會成立等事件，無不積極展開海外的救援。這些人都認同自己是「臺灣人」，所居之地就是他們的「家」，他們因為參與實際的歷史與社會經驗，從中培養出深厚的本土認同以及對自身宗教信仰的反省，願意把聲音借給臺灣人傳達到世界。

甘為霖的本土關懷

誠然，關心自己的「家」最好的方法是研究在地風土民情，並將之與世界的文化做比較，期待能發現異同，找出人們真正需要，特別是在社會最不起眼的角落。出身於蘇格蘭、畢業於英國格拉斯哥大學的牧師甘為霖（William Campbell）在臺灣服務時間長達四十七年，他對這塊土地的貢獻仍受到後世人們追念。

甘為霖最為人所知的事蹟是致力於推行盲人教育，首開臺灣特殊教育先河。這名宣教師由於小時候眼睛不好，長大後特別關心視力不良者的處境。一八七一年，他在南部開始服務。在旅途中，甘為霖遇到許多視障者以乞食或算命維生，引發他深刻同情，而開始調查視障者在臺灣社會的處境。

一八八五年，甘為霖開始籌備視障教育工作，他以臺語羅馬字的點字版印行視障者的讀本與聖經，返英期間，也向教會籌募教育所需之印刷資金。一八九一年，甘為霖創立訓瞽堂（今日的臺南啟聰學校前身），提供視障者接受教育與工作的機會。一八九五年，為了促進視障者學習識字，甘為霖更編著盲用點字專書《中國的盲人》（*The Blind in China*）。這些特殊貢獻，讓他在一九一五年獲得總督府頒贈「勳五等雙光旭日章」。甘為霖對臺灣這群「社會邊緣人」的關懷令人感念，更讓十九世紀臺灣醫療與教育的觸角，從正規的醫院和學校延伸到視障醫療和特殊教育，這些行動都走在官方施政的前端。

不僅如此，甘為霖也是一名著作等身的文史專家，擁有極高學術成就。他著有《新港語馬太福音》、《臺灣布教之成功》、《荷蘭時代的福爾摩沙》、《法波蘭語信仰個條書》、《素描福爾摩沙》、《臺南教士會議事錄》、《廈門音新字典》、《聖詩歌》與《治理教會》(*Tī-lí Kàu-hōe*)等考察有關臺灣宣教、語言、文化景觀的專書，是當今學者研究早期臺灣史不可或缺的素材。

正因為甘為霖對臺灣地理人文的認識，以及其具備的務實性格，他十分提倡臺灣南北教會依循普世潮流，建立組織的合一。一九一二年十月二十四日，南北教會聯合於彰化西門街禮拜堂舉行第一屆臺灣基督長老教會大會，並選派甘為霖擔任第一任議長。當時，來自倫敦的會使柏為霖（W. M. MacPhail）、中國閩南大會的苑禮文（A. L. Marnshuis）和楊懷德都前來祝賀，表示臺灣與海外的交流非常密切而頻繁。或許現在的臺灣基督長老教會「正史」，應該從一九一二年算起，而非一九五一年。

甘為霖也極力建議英國背景的臺南神學校，以及加拿大背景的臺北神學校在臺灣中部成立聯合神學校。他認為唯有如此才能匯合兩派傳統，形成不分彼此的共同體，可惜這項主張後來沒有被實現，北部與南部的教會仍各行其是，以至於後來將近一個世紀都有所謂的「南北之爭」，教會內部對人事行政與資源分配都曾發生糾葛。在黨國監控的年代下，南北教會的分歧還被執政者作為分化手段。

一九一五年，甘為霖獲得加拿大多倫多諾克斯神學院頒發「榮譽神學博士」，然而他沒有親自去領獎。之後，他選在一九一七年「臺北神學校」新校舍奠基前申請退休，以表達對聯合神學校決議案的不滿。兩所神學校各行其是的決策，對往後臺灣長老教會發展造成深遠影響，今日教會內部依然有不少矛盾與爭議。二十世紀初期，甘為霖以歷史學家角度提出針砭，今日回顧仍能引發許多省思，也提醒我們唯有捐棄成見才能共好。

明有德的普世眼光

明有德牧師（Hugh MacMillan）是加拿大長老教會派來臺灣的宣教師，也是開啟臺灣基督教普世信仰的代表人物。他出生在加拿大安大略省的布魯士縣，父親約翰與母親瑪莉共同經營小農場，一家人都是虔誠的基督徒，熱心服事教會。一次大戰期間，明有德在軍隊服役時感受到主恩呼召，決心以一生作回應，這項決定與他戰前過世的母親心願互相呼應。一次大戰結束後，明有德取得諾克斯學院神學士、多倫多大學文學碩士與愛丁堡大學博士，並於一九二四年來到臺灣，當時才三十二歲的明有德既年輕又博學多聞。

來臺初期，北部長老教會正逢發展關鍵期。由於島內前輩領袖陸續凋零，教會需要後起之秀接棒；同時，本土的加拿大長老教會有三分之一的人不願加入新成立的聯合教會，結果最後以分裂收場，讓組織面臨重大危機。在如是背景下，大批在臺灣的宣教師被派往其他地區。說來有些諷刺，普世合一運動主張放眼世界、彼此團結，然而北臺灣與加拿大的長老教會沒有「合一」，反而分裂。

在這段艱困時期，明有德接下領導重任，以自由的風氣和研究的精神重整士氣。他利用各種可能場合，盡力傳播普世合一思想，他結合了聖經研究與整合思想的運動，在青年學生中激起極大迴響。明有德提倡以批判法詮釋經文，從古老的經典裡讀出現代的意義，而不是一股腦盲從，且要能容許他人不同角度的看法。他認為基要真理不是不能挑戰，但重要的是信仰理念如何與個人生命產生關聯。明有德提出相當具有建設性的批判，讓他從日治末期到戰後初期動盪時間，扮演青年運動與宗教教育中的重要靈魂人物。當時，長老教會流行設立工作營（working camp），青年透過一些非營利的社會服務親身參與民間生活，並在腦力激盪時間彼此反思討論，這對他們形塑人生觀相當有幫助。明有德相當關注年輕傳教者的研究與進修，他除了在神學院與聖經書院從事神學教育工作、開設各地傳教者的查經班，也指導每年的宣教師靈修會。戰後知名的基督教青年會（Young Men's Christian Association, YMCA）便是在明有德的協助指導下建立。

明有德認為傳播福音就是宣揚好消息，因此他常常蒐集各地要聞，透過編譯外電報導、普世教會刊物與知名神學家著作，提供信徒參考，也時常將與長老教會淵源深厚的英國、加拿大教會動向帶回臺灣。二戰前後，亞洲各國久經戰亂革命，明有德亦積極關注各國，包含印度、韓國等亞洲教會的發展，更探討社會主義對基督教的影響。他認為改革運動若非以信仰為起始點，而是效法政治運動以「領袖」為中心，那將會引領眾人走向權力惡鬥，而非提昇道德。因此，他呼籲人們堅定倚靠上帝，時常為受迫害者祈禱。對於逐漸復甦的亞洲各國，他引述新聞鼓勵人們抱持希望，期許亞洲教會肩負起改革社會的使命。一九四九年，加拿大召開總會期間，他更極為關心臺灣在戰後復原與前往山地傳教的進度。

綜合明有德的行動軌跡，這位牧師的一生可說在各種「聯合」與「分裂」的情境中突圍，儘管歷經教會內部與身處社會環境的變動，他卻以年輕的心靈和開放的態度，將普世合一的精神帶入臺灣教會的文化中，足跡所到之處，可說都留下深遠的影響。現在信徒習以為常的聖經批判研究法，以及大專院校裡面的基督教青年服務社團，都是明有德當年極力推廣且被認為很「前衛」的思潮。

「看無家己」的家園

在臺灣基督教草創開拓時期，西方宗教經常被視為帝國主義的同路人。這種殖民情境是宣教師初抵臺灣時必須共同突破的隔閡。在宗教信仰與本地文化的對立衝突中，宣教師們努力以「現世化語言」（secularized language）服務信徒，宗教用語叫做「道成肉身」，意指以廣泛接觸普羅大眾生活的方式傳播信仰。換言之，他們透過醫療、教育、文字、社會福利與生態環保等等工作關懷大眾，消除臺灣人民對基督教的敵意和偏見，展現一種整全宣教（holistic mission）的模式，而非一味拉人信教。在島國屢屢受到不同外來者殖民的情境中，長久駐留當地的宣教師也形塑對本地社群、思想觀念與人民命運的共同關懷。事實上，這就是宗教信仰能傳播世界各地的基本精神。

過去長期以來，普世合一運動已經獲致不少成果，包括不同教會間的鏈結與相互了解，還有在普世人權、和平公義、宗教對話等進展。臺灣的西方宗教已經本土化，尤其到二次大戰以後，宗教信仰在臺灣作為引進「民主自由」與「多元包容」等普世人權價值的重要媒介，長期以來投入許多重要的社會行動。以一九八六年的〈臺灣基督長老教會信仰告白〉為例，該文就明白指出：

> 阮信，教會是上帝百姓的團契，受召來宣揚耶穌基督的拯救，做和解的使者，是普世的，復釘根在本地，認同所有的住民，通過愛與受苦，來成做盼望的記號。

這段內容指出落土的普世精神，就是最寶貴且最有特色的資產，「普世」與「本土」兩者從來都非相互對立的端點，而是彼此相輔相成。

現代公民社會追求的普世價值，不外乎自由、民主、人權、法治等；不過真正的普世價值其實更加廣闊，應該涵蓋國際關係、世界和平與人類的合一。普世毋寧是一種素養，包含普世價值的型塑、普世關係的視野、普世分享的在地化、普世合一的對話精神、以及對公義和平國度之追求，當我們生活在家中，就是生活在世界，世界也是你我共同的家園，吾人有責任使其保持創造之初的美好。換言之，信仰愈本土化也就愈國際化，因為能與世界分享本地特色；而信仰愈國際化也就愈本土化，因為參與世界令人愛惜自己的家。舉例來說，當我們說 Taiwan can help 時，其實是在講 Taiwan can contribute，臺灣願意和世界站在一起。

在聖經《約翰福音》十二章中，耶穌曾說：「一粒麥子若不落在地裡死了，仍舊是一粒；如果死了，就結出許多子粒來。那愛惜自己生命的，要喪失生命；願意犧牲自己在這世上的生命的，反而要保存這生命到永生。」值得玩味的是，這一粒落在地裡的麥子真的死了嗎？種子不是具有生命力嗎？沒錯，如果它靜靜不動，那就永遠只是一顆不會發芽的種子；但它若拋棄自己身為種子的模樣而「埋」下去，反而成就了更多的子粒，活出豐富的生命。

研究臺灣歷史時，必須注意到海洋民族特質的兩面性。一方面，海島民族具有冒險犯難的精神，樂於分享，急公好義；但另一方面，島民有時也會展露自私的性格，變成淺碟文化，爭權奪利。為什麼這兩種迥異的性格會同時存在，以至於有時顯露出掙扎的性格，時而把這蕃薯島當作家，時而卻當作跳板？此中關鍵，就在於「立場」的不同。如果人們總是看到自己的利益，就會以本位主義來考量；相反地，如果我們看到的是公眾的利益，那麼憐憫之心就會油然而生。在服務公眾的過程，自身的好處看似有所虧損，但長遠來看生命卻是更加富足、更有意義。

誠如有人說：「家不是講理的地方」，家的核心精神說穿了是愛與受苦。然而，家同時也應該是不計較利弊得失、不講求回報的地方，身處在其中的家人看見彼此需求，並視之為己任。回顧百年來臺灣宣教師的遷徙軌跡，一群素昧平生的外國人願意遠渡重洋，來到陌生環境。他們把臺灣當成家的方法，是實踐自身信仰、無私貢獻所長，尤其投入彼時最匱缺的醫療、教育與社會服務領域，即便受到漫罵潑糞也在所不惜，甚至長眠在這座島上。一九七〇年代以降，長老教會追求自由民主和人權自決的運動，更是前仆後繼、無所畏懼，和臺灣一同前進。這群宣教師之所以能終身履行信仰，是因為他們「看無家己」，眼裡看見的不是自己的利益。臺語所說的「看無家己」，並非自卑、自憐意思，而是指虛己、捨己。如果我們能學習「看無家己」的心懷，那我們一定能時刻看見家園的美麗。

第四章：在臺日本人的故鄉意識與我們「記憶所繫之處」
——從「他鄉」到「故鄉」，從「古蹟」到「家園」

顏杏如

楔子：「故鄉」的旋律

兎追いしかの山　小鮒釣りしかの川
（曾追捕兔子的那座山丘 曾釣過鯽魚的那條河流）
　夢は今も廻りて　忘れがたき故郷
（至今仍午夜夢迴 難以忘懷的故鄉）
いかにいます父母　恙無しや友がき

（父母今如何？朋友可無恙？）

雨に風につけても　思い出る故鄉

（每逢風雨 想起故鄉）

志しを果たして　いつの日か帰らん

（待我實現夢想 總有一天要回到故鄉）

山は蒼き故鄉　水は清き故鄉

（山巒翠綠的故鄉 流水清澈的故鄉）[1]

——〈故鄉〉（一九一四）作詞：高野辰之／作曲：岡野貞一

請容我從幾段微小的個人記憶，開始這一個篇章。

二〇〇一年我到日本東京留學，得知我研究主題的一位學姊，熱心介紹我參加一場集會「台中會」。台中會，顧名思義，是戰前居住在臺中的遣返者之集會。在那裡，我初遇在臺灣出生、長大，戰前被稱作「灣生」的日本人們，這也是我與〈故鄉〉這首歌的邂逅。還記得那一天，一位老奶奶像遇到故友般向來自她心中的故鄉——臺灣的我，親切訴說她幼時成長之地清水。不是臺中人的我，只能靜靜聽她訴說，偶爾報以微笑，內心對於無法回以同樣的熟悉與熱切，感到有些懊惱與詫異。望著滿座白髮銀銀的老人家們，我想起小學和高中時微不足道的往事——校長曾在校慶時向操場上的我們，介紹遠道而來的日本人校友。那時的我和同學們面面相覷，內心滿是疑惑。為什麼會有日本人校友？這個甚少被想起的疑惑，直到我大學畢業開始研究「在臺日本人」時才解開。

留學期間，因為研究關係，我陸陸續續參加過一些相似的集會。這些聚會有的是以居住區為範圍（如昭和町會），有的是以畢業學校為單位（如榕蔭會），但參加者們都是戰前居住臺灣、在臺灣出生長大，戰後遣返回日本，在當時我眼中已是爺爺奶奶輩的日本人們。集會中，老人家們細數那些他們熟悉的臺灣風景與童年回憶，鄉愁滿溢。而〈故鄉〉低沉而溫暖的合唱，總是在開幕或閉幕時緩緩響起，流瀉整個會場。

「故鄉」、「懷鄉」是貫串這些聚會的主旋律。遙想故鄉臺灣，以及「遣返者」們的連帶感，牽成了這些聚會。而「灣生」的懷鄉之情，又與我年少時不解的記憶產生連結。這些看

1 譯文為筆者自譯。

似個人的微小記憶，其實鑲嵌在不同群體的集體記憶，以及不同世代的記憶斷層中；同時又與曾在臺灣這塊土地上生活過的人們，如何將他鄉變故鄉，以及今日的我們如何認識、打造家園緊緊扣連。

這個篇章的主角之一，是一八九五到一九四五年作為殖民者、離鄉者、移居者的日本人，及其第二代、第三代，和臺灣之間的故事。我將訴說這群人如何在「異鄉」生活，如何將「異鄉」變成「故鄉」的故事。「故

臺灣總督府第一師範學校附屬小學校（前身為臺灣總督府國語學校附屬小學校，現為臺北市立大學附設實驗國民小學）戰前畢業生們所組成的同窗會「榕蔭會」之聚會。（圖片來源：顏杏如，二〇〇六年九月十七日攝於東京）

鄉」對發話者而言，是一個主觀可以選擇的空間或場所，在第三者的認知中，則是發話者「起源」的土地。因此，故鄉意識的認知與建構攸關自我認同。不同世代的在臺日本人如何訴說他們的故鄉？隨著時間與世代的差異，攸關自我認同的故鄉意識呈現何種面貌？背後又具有什麼意義，存在哪些建構故鄉的力量？讓我們試著從歷史脈絡，探問戰前世代的差異，以及建構「故鄉意識」背後存在的各種力量。

這個篇章的另一個主角，還有我們，曾經的被殖民者，也是今日家園的主人。在臺日本人的故鄉意識與懷鄉之情，與今日的我們有什麼關係？法國史學家皮耶諾哈（Pierre Nora）曾將「記憶所繫之處」（lieu de memoire）定義為「一種物質或非物質實體，經由人類或時間轉變，成為一個社群的象徵性遺產」。「記憶所繫之處」包含了歷史的、知性的、感性的、更多時候是無意識的，具有深奧多層次的內涵。在臺日人的故鄉既是實體的空間——臺灣，也是認知、情感層次的非物質實體。在歷經諸多力量與時間轉化後，關於「故鄉」臺灣的記憶，是否只屬於遣返日人「在遠方遙想之處」，抑或者也轉化為我們的象徵性遺產？文末，讓我們透過日式建築保存的例子，思考臺灣社會如何看待涵蓋歷史、情感的日人故鄉記憶，並將之納入打造家園的歷程。

在日本帝國的擴張下：異地・他鄉

時間拉回一百多年前的一八九五年，甲午戰爭後，臺灣成為日本第一個殖民地，也開啟日本邁向帝國的道路。隨著日本帝國的擴張與資本的活動，許多日本人一波一波航向殖民地臺灣。對第一代來到殖民地臺灣的日本人而言，鄉關何處？

十九世紀後半的日本，隨著工業化發展，人口從農漁山村移動到都市，離鄉者也重新在都市空間中意識、建構出「故鄉」。一八七〇年代後，日本官方開始以獎勵移民的方式作為解決人口問題的對策。而隨著一八九五年日本邁向帝國之路，人口的移動不再僅限於從鄉鄙到都城，也開始跨越原本的國土疆界。在這種時代背景下，跟「故鄉」有關的官方言論，便在鼓舞「遠征精神」的思想脈絡下展開。一九〇〇年代，殖民地臺灣極具官方性質的報紙《臺灣日日新報》寫道：「所到之處皆故鄉，實乃遠征精神之發現」。在宣揚遠征精神的時代脈絡下，思念故國的家園並非被讚許的行為；相反地，在異地創造第二、第三故鄉才是令人尊崇的行動。在一個鼓舞遠征、海外雄飛的時代中，「在他鄉創造故鄉」成為官方的論述主軸。報章雜誌上念茲在茲的是冀望在臺日本人涵養故鄉在臺灣、並期許埋骨在臺灣的觀念。

然而，與官方的立場相違，移居至殖民地臺灣的日本人，往往視臺灣為旅居之地，既不打算長久居住，也未如官方期許般涵養「故鄉在臺灣」的觀念。相反地，他們透過同鄉組織遙想在日本的故鄉，創造與日本內地故鄉連結的空間。

殖民地臺灣很早便已出現以日本地方的「縣」為單位的同鄉組織「縣人會」。日本共有四十七都道府縣，在日治中晚期的一九三一年，殖民地臺灣共有四十四個「縣人會」，意味著幾乎各縣都有各自所屬的同鄉組織。「縣人會」的目的為「親睦」，每年舉辦新年會、送別會等活動，邀請鄉里故人齊聚一堂，彼此送往迎來、語舊談新、吉凶相問、憂喜相分，在「外地」小島形成相互慰藉勉勵的空間。而在聚會中重逢的家鄉語言、家鄉的食物、家鄉的表演，也為在臺日人的「外地」生活創造出與「內地」故鄉連結的空間。透過縣人會的活動，在臺日人在沒有血緣、地緣的土地上架起人際網絡，締結離鄉者之間，還有離鄉者與「內地」故鄉的關係。

儘管縣人會的活動與官方不鼓勵思念故國家園的立場相互矛盾，然而，在聚會之時，會員們往往以鄉黨提攜、「海外雄飛」相互勉勵，甚至以此延伸至「國運」的發展。從「愛鄉」延伸到「愛國」的邏輯，賦予縣人會活動合理性與正當性。在語彙包裝下，縣人會的聚會成為建立人際資本的一種管道，提供海外雄飛的必要條件，與國家發展密切連結，甚至也不與埋骨臺灣的決心相違。

這段時期，在臺日人與日本故鄉的連結，不僅表現在結社、聚會活動中，也表現在故鄉書寫與文藝創作中。在縣人會發行的會報上，在臺日人往往以特定的地理景觀凸顯故鄉的山河風光，以此標示自身的出生地。但另一方面，報刊雜誌的文藝創作者，往往書寫另一種「匿名」的故鄉——選取特定風物，卻未標示特定場所。一九〇〇年二月，《臺灣日日新報》曾以「懷

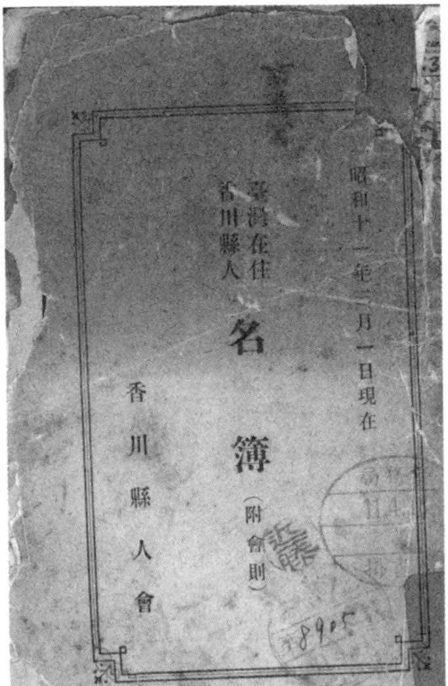

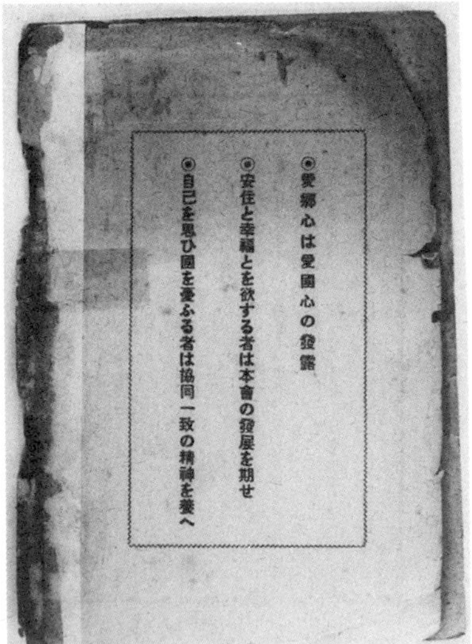

一九三六年香川縣人會發行的《臺灣在住香川縣人會名簿》，內頁寫著「愛鄉心是愛國心的發露」，現藏於國立臺灣圖書館。（圖片來源：顏杏如）

故鄉春」為課題募集詩歌、俳句等作品。獲選者的作品多將思鄉之情寄寓櫻、梅；不過多數作品讓人難以辨識故鄉的具體地點。寓景寄情、托物思鄉是跨越時空、人群常見的書寫方式。然而，來自不同出生地、經驗、歷史背景的人群，會將視線停佇在不同風景，他們眼中的景物也映照獨特的意義。在日本，櫻、梅是冬末春初時節的景物，能召喚日本人共有的文化情感；但在臺灣，櫻花與梅花卻是必須跋涉山區才難得一見的溫帶植物。在地理景觀、季感差異以及他鄉—故鄉的對比下，從日本各地渡海而來的日本人，不約而同選取櫻、梅作為懷鄉之際吟詠的對象。這些橫跨日本各地共有的特定風物，讓擁有不同故鄉的離鄉者一齊喚起記憶中的風景，他們召喚的是一個廣大、均質化的故鄉——無論出身何地，無涉地方性差異。在這群在臺日人心中，相對於共同的異鄉臺灣，一種共同的故鄉「內地」也被想像建構。

殖民地經驗下：在「異鄉」與「故鄉」之間

隨著殖民統治的日漸穩固，在臺日本人的人口與定居率逐年成長。二次世界大戰結束時，民間約有四十萬名日本人居住在臺灣。五十年來，移居者的下一代陸續在臺灣出生、長大，並在殖民地社會中以負面的意義被稱作「灣生」。無論是第一代的移居者或是其後代的「灣生」，圍繞著「故鄉」的敘述都不曾間斷。

對於渡臺第一代的日本人而言，鄉關何處，已不再是固定不變的出生地，受到長居久住、異地扎根的經驗影響，他們訴說故鄉的方式與其指涉的意義，也開始出現變化。日治時期，在臺灣任職的日本官員不少因為調職而移動頻繁。每當他們離任或再次赴任，臺灣往往成為他們口中的「第二故鄉」。在這裡，「第二故鄉」的意涵延續日治初期官方鼓勵永住、建設樂土的論述身影；而官員以「第二故鄉」稱呼臺灣，也指涉臺灣並非原鄉，而是在移居地創造的家園，隱含「開拓」、「建設」的成果之意。

相對於官員，民間的在臺日人在原鄉的經濟變動中前往殖民地尋求機會、覓得一職；或懷抱夢想，追求自我實現。他們在帝國的新領地建立自己的家庭、養兒育女；拓展出新的人際網絡，築起嶄新的生活圈。殖民地不均等的權力結構以及位處帝國邊陲的無束，讓實現事業與夢想比在日本本土來得更容易。對這些人來說，臺灣是展開新生活之地，也是希望與夢想成真之地。種種背景因素，都讓臺灣成為奠基於複雜情感上，具有多重意義的故鄉。

無論對日本官員或民間人士來說，臺灣從「他鄉」逐漸轉換意義成為「故鄉」的過程，存在多重力量。例如前述提及的縣人會，雖然創造在臺日人與日本內地故鄉連結的空間，卻也意外延伸出在他鄉臺灣扎根的功能。縣人會會報與名簿往往刊載縣人的住址、職業、電話，因而兼具生活指南功能。當在臺日人透過內地故里的鄉黨在殖民地築起人際網絡，認識、熟悉新環境後，臺灣慢慢地不再是陌生的「異鄉」。在物質景觀上，官方在山林郊野大量移植櫻花，開闢讓人彷彿身處日本本土的溫泉勝景；在市街制高點處建起一座座神社，簽畫出日本的印記。而民間人士則在私人庭院、日式料理屋種植單株名櫻，在日常生活空間創造出日本傳統的風雅與意象，也將日式的生活移植到殖民地。這些仿若將臺灣「內地化」、「日本化」的力量，都是讓臺灣從「他鄉」轉化成「故鄉」的原因。

然而，將他鄉變成故鄉，並不只仰賴於內地人之間的社會網絡和風景移植等與日本連結的力量。另一方面，日本人社群也發展出「理解」與「重新發現」臺灣的動向。以象徵日本文藝的俳句為例，日治初期在臺俳人作句時，往往以日本本土的時序、行事為題，創作內容也無關臺灣風物。這象徵在臺俳人描寫的是過去的、日本內地的、記憶中的風景，抒發的是對日本的時間和空間的鄉愁。不過後來，在臺日本俳人開始主張在創作中融合「臺灣趣味」，鼓勵蒐集、開創臺灣的季題。雖然俳人們透過一種異國情趣的方式呈現在地風景，在實踐之初，也與日治初期殖民統治的邏輯如出一轍——藉由調查來「理解」臺灣這塊土地，但同時，這種創作的轉向也預視了日人視線的轉化。

一九二〇年代以後，俳人們的討論議題進而發展到如何回到現實生活，體察周遭環境與日本內地的差異，並在俳句的時間秩序中，捨棄以日本本土為中心的季節感，標榜應該寫出只有居住在臺灣才能創作、吟詠、體會的「臺灣俳句」。

音たてて　障子を上る　守宮かな（發出聲音 爬上障子的 壁虎）

灰売りの来る日来ぬ日や冬に入る（賣灰人來的日子 不來的日子 入冬）

がじゅまるの春の落葉の夥し（榕樹 春天落葉 繁多）

一九三〇年代俳誌《ゆうかり》（意指尤加利）設有〈台灣句研究〉專欄，從過去的選句解釋臺灣特殊的季節感與俳材。這三首俳句皆屬於受到在臺俳人們矚目，表達臺灣生活實際經驗與風景的例句。在臺灣，北回歸線以南的壁虎才會啼叫，第一首俳句便生動傳達「中南部日常生活的體驗」。第二首描寫沿街叫賣「火鉢灰」的商販，是在臺俳人眼中臺灣冬季的獨有風情，「來的日子不來的日子」更表現了北臺灣冬季時暖時寒的變化。而過去被認為四季如一的熱帶植物，也有其時序的轉換。榕樹不再只是「四季常綠」，而是會「長出嫩葉、脫去變黃的老葉」，有著落葉、結果的時節遞嬗。

隨著在臺日人調查植物知識與積累生活經驗，在殖民統治初期僅是以異國情趣之姿展現眼前的熱帶風景，開始有了豐富的內涵。當在臺俳人發現原先被他們視為「常夏之島」的臺灣其實也有四季細微的變化時，他們觀看臺灣風景的視線，開始從日本中心轉向以臺灣為中心，也映照出「旅居者」到「定居者」的心態轉換。

對於臺日本人第二代、甚至在島嶼出生的「灣生」日本人來說，「故鄉」更是充滿複雜糾結的情感，也交錯多

圖為陳黎、上田哲二合譯的《台灣四季：日據時代台灣短歌選》書影。書中短歌多出自在臺女歌人尾崎孝子在〈台灣的自然與歌〉一文中所評論的短歌（收於《美はしき背景》一書），同樣可以看到在臺日本人對於臺灣四季的觀察、吟詠。（圖片來源：二魚文化）

重的力量。是什麼形塑他們心目中的「故鄉」，影響他們對故鄉意識的建構與認同？

隨著日本治理臺灣的時間增長，在臺灣在出生長大的日本兒童增加，臺灣的日本人社群開始出現批判臺灣四季缺乏變化，致使兒童感受力遲鈍的聲音。部分教育者們由於擔憂「灣生」孩童不知日本風物、不識櫻雪，開始在校園栽植櫻花，也舉辦內地修學旅行，帶領孩童認識日本風物、歷史，避免下一代與「母國」脫節。然而，校園中的櫻花往往發育不良；實際前往日本內地旅行的「灣生」孩童，往往體會到的也是臺灣與「內地」、自身與日本「內地人」的差異。

除了移植內地風景及參與內地修學旅行，在臺日人二世對「故鄉」的認識，還有更多重複雜的軌跡。知名記者與時事評論家尾崎秀實（一九〇一年—一九四四年），在戰爭末期因諜報事件被帝國處死刑，他的父親尾崎秀真曾擔任《臺灣日日新報》的漢文部主任，在職期間屢屢受總督府委託，從事史料編纂與史蹟調查，在殖民地臺灣頗有名氣。秀實出生六個月大時，在母親的懷抱中來到臺灣，一直到進入第一高等學校前，他有幾近十八年時間都在臺灣成長。童年時期的秀實曾利用暑假期間，跟隨父親秀真返回岐阜鄉里祭祖；進入一高後，則加入岐阜縣人會擔任幹部。然而，當時秀實為了打破心目中陳腐的「鄉土割據主義」，故意不出席集會，以致縣人會名簿中斷。秀實到東京求學時，適逢一次世界大戰後的大正民主時期，他接觸馬克思主義並深受影響。在他因諜報事件被拘捕期間的上申書中，則以家族國家觀強調家、國對他的意義，行文中雖提及懷念的臺灣，稱臺灣為成長之地，但他喚作「故鄉」的，卻是父親的本籍岐阜。

尾崎秀實在臺灣出生成長、暑假返鄉、參與內地修學旅行、浸染於官方論述而涵養出的家族國家觀，以及他受到一次世界大戰後湧現超脫國界的國際主義影響背景，這些因素或許並非同時，卻可能交錯刻畫在臺日人二世的成長經驗，左右他們的「故鄉」意識與認同。

一九三〇年代後，日本本土教育潮流的興起，帶動各地推行鄉土教育。在殖民地臺灣，小學校與公學校教師們會編纂鄉土讀本，帶領學生們以生活居住地為範圍進行鄉土調查。鄉土教育的理念原意是將鄉土當作國家外緣，以此連結愛鄉心與愛國心；然而，在實踐上，兩者之間的連結卻相當薄弱。以結果論來說，這項教育政策其實加深了在臺日人對所生所長土地的理解，鄉土教育因此成為與內地修學旅行跟返鄉祭祖相反的力量，讓「灣生」兒童的情感認同朝所生所長的土地扎根。

日治晚期的一九四〇年，兩名「灣生」萬波おしえ與遠藤太郎在《文藝臺灣》雜誌上對談，他們聊到父母親能藉由眺望盆栽的梅花、嗅聞菊香忘卻身在臺灣的境界，只不過是童話故事的世界。對他們來說，僅管故鄉「分裂成本籍與現居的臺灣兩個範疇」，「內地」故鄉不能說不存在，但乘著拂過竹藪的風傳來的布袋戲樂曲音色，反而令人感到充滿鄉愁。這段對話，代表性地顯現在臺日人二世對故鄉的看法與感覺。

日本帝國崩解之後：異國的故鄉

從日治中期到戰爭結束，在臺日人的故鄉意識在「日本」與「臺灣」兩道力量拉扯下出現了一些變化。對戰前的「灣生」而言，故鄉更是「模糊曖昧之物」，日本內地故鄉的身影或許模糊不真確卻從未消失。不過到了戰後，當在臺日人二世、三世毫無選擇必須離開臺灣時，模糊曖昧的故鄉卻變得清晰起來，在他們心目中臺灣明確成為自身的故鄉。此時，「移動」再次成為構築故鄉意識的重要契機。在臺日人的生命史、回顧錄、遣返記錄中，往往稱臺灣為「心中的故鄉」，並反覆提及「故鄉在遠方」。

一九四六年三月下旬，遣返民間日本人的作業啟動，對許多在臺灣出生成長的日本人而言，這是第一次踏上日本的土地與「母國」相見。在航向日本的旅途中，他們想像著從未接觸過的日本內地圖像，腦海浮現只有在書本中出現過的四時風物。對於一些尚在懵懂年歲的「灣生」而言，遣返日本甚至帶給他們一些憧憬與期待。然而，抵達日本後寄人籬下的生活是現實的開始，也往往成為鄉愁的起點。這群在臺灣出生長大，擁有外地經驗的日本人，因為戰後的際遇、與日本

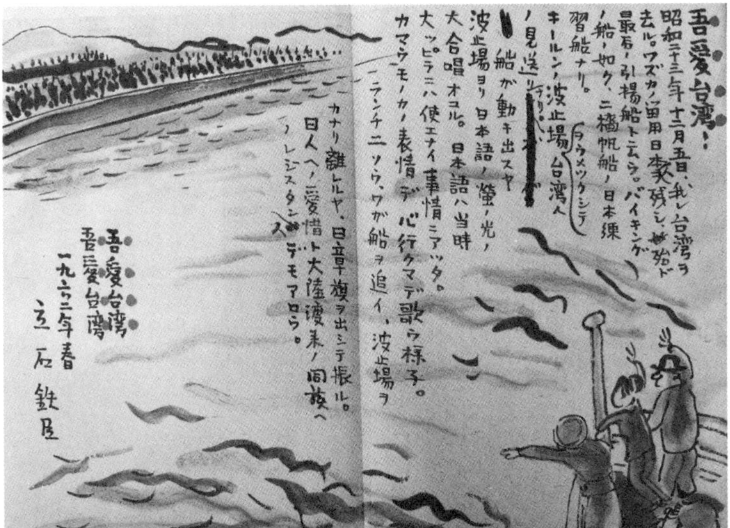

一九〇五年在臺灣出生長大的立石鐵臣，八歲隨父親返日，二十八歲再度來臺，並歷經戰後留用的生活。一九六二年，立石鐵臣畫下一九四八年遣返日本時離臺的情景。（圖片來源：顏杏如，翻拍自《立石鐵臣・台灣畫冊》）

人接觸產生的疏離感，而築起有別於日本人的認同。

長年在殖民地生活，讓在臺日人與日本的原鄉及親友關係變得生疏，加上戰後日本國內百廢待興、生活困頓，突然帶著家人從「外地」歸鄉的人，往往被認為是「不請自來的客人」。日本社會對遣返者的態度普遍是冷酷的，在這種時空下，在臺日人形成特異的群體，不同社群橫跨全國形成一種集體認同。由於過去擁有臺灣經驗，在臺日人二世、三世的「灣生」往往能在人群中一眼識別彼此。這群人在戰後毫無選擇被遣返日本，在與母國人們接觸的過程中，又意識到自身與內地日本人不同。這種「雖然是日本人，卻又無法完全變成內地人」的疏離感，與「他者」的差異或被視為「他者」的感受，不僅讓在臺日人衍生出迥異於「內地」的日本人之認同，也加深對臺灣的鄉愁。

被遣返日本多年，儘管有關「帝國空間」的記憶看似漸漸風化，然而，矛盾與糾葛卻常在日常生活中不經意冒出。一九二〇年出生於臺北，一九四六年被遣返日本的竹中りつ子，曾在回憶錄《わが青春の台湾》（我的青春台灣）中寫道：戰後，小學一年級的兒子與鄰居小孩玩耍，得意地炫耀父母親出生地是臺灣，卻被開玩笑捉弄是「外國人」，因而受到震撼哭著回家。當時，身為母親的竹中卻感受到另一層面的震撼——隨著日本戰敗，臺灣已不再是日本的領土，但她自身卻未意識到「臺灣是外國」。

孩童們玩耍時發生的插曲以及遣返者意識到自身缺乏自覺的震撼，除了顯示不同世代日本國民對國土空間的認識差距，更如實反映戰後曾為「日本帝國」的國家，必須面對空間裂變產生的糾葛。對於在臺日人來說，敗戰後他們被遣返的內地／日本，既是「祖國」，也是「異鄉」；而他們視為「故鄉」／出生成長地的臺灣，則已經成為異邦。當帝國膨脹向外延伸到殖民地，人與文化隨之產生劇烈移動；當帝國解體時，向外膨脹、延伸的殖民地部分則向內收回摺疊，壓縮在日本本土的空間內。背負著文化移動的人們，也必須面對空間摺疊壓縮時產生的諸多皺摺矛盾。

「記憶所繫之處」：戰前與戰後的交會

一九五〇年代後，在臺日人遣返後的生活漸漸穩定，過往擁有殖民地臺灣經驗的人們也開始聯繫彼此，成立親睦交流團體。這些團體包含地區性組織，如台南會、台中會；公司、機構的聯絡團體，如臺灣拓殖株式會社的「拓友會」、糖業試驗所的「糖試會」；以及各級學校為數眾多的同窗校友會。此外，還有橫跨地域、負責聯繫所有遣返者，具有互助交流性質的「台灣協會」。不少團體定期聚會、發行會報，刊載會員們的近況，也書寫過去臺灣生活的點滴。相對於戰前的「縣人會」以日本內地鄉里為定錨，傳達對「內地」家鄉的思念；戰後在臺日本人組成的各式團體，則以戰前在臺灣的學緣、地緣、職場等關係連結彼此，思念在「異國」的「故鄉」。他們在書寫與訴說中無論是以「第一」、「第二」或「唯一」描述，臺灣都被賦予「故鄉」的地位。過去臺灣生活的點滴，也在復返的閱讀與訴說過程，成為會員們共有的記憶。在臺日人對臺灣的鄉愁透過這些形式被抒發，但同時也以這樣反覆的過程——回想、書寫、分享、收集臺灣相關資料——被強化。

不過，一九六〇年代以前，在臺日人對臺灣的鄉愁與殖民地記憶僅停留於日本與被遣返者的書寫、互訴層次，並未與身處臺灣的我們產生連結。一九六〇年代開始，隨著日本經濟成長與解除出國觀光限制，在臺日人的「懷鄉」活動不再限於日本國內，而開始「跨越國境」，回到前殖民地。許多人紛紛前來探訪童年的成長地與「母校」。到了一九九〇年代後，日漸年邁的日籍校友的返校活動更趨熱絡，因而與我年少時的經驗產生交集。相信這也許是許多就讀於戰前創設，並在戰後改制的學校學子微小的記憶之一。

不過，如果從臺灣社會的角度來看，一九九〇年代前「日人返校」之類的記憶，恐怕只停留在個人層次，而未成為集體記憶。在臺日人開始與我們的社會、過往歷史產生交集是更晚的事了。那是因為戰後很長一段時間，在這塊土地上曾出現跟日本有關的符號、文化都不允許被提起，甚至遭到抹除。

一九九〇年代晚期，隨著臺灣推廣鄉土教育，創設於戰前的各級學校開始重視日本統治時期的歷史。一些學校更積極還原校舍，修護與保護校園的文物遺跡，並開始將戰前的人、事、物納入校園歷史記憶一環。「灣生們」的返校受到戰後世代的臺灣人歡迎，有些學校的校慶活動甚至會由臺日校友共同籌畫、交流，並安排文物捐贈。或許一九九〇年代晚期後入學的學生已不再像當年的我一樣，和同學們面面相覷了吧。

除了學校，戰前的殖民地記憶也開始與地域社會產生連結，這種結合不只受到「灣生」們懷鄉、返鄉的舉動影響，更與臺灣社會內部的動向與力量有密切關聯。讓我以臺北市的青田街，亦即戰前的「昭和町」為例，一探戰前的記憶如何與現下的關懷交集，成為我們打造家園記憶的一部分。

在日治晚期的一九四一年，昭和町才出現在臺北市正式的行政區劃中。一九二〇年代，臺北高等商業學校和臺北帝大的教員們為了在臺灣長居久住，成立了「購買組合」，集資共同開發昭和町北部一帶。當時，他們在住宅設計上採和洋折衷，反映一九二〇到三〇年代的建築潮流；同時，為了因應亞熱帶臺北潮濕高溫的天氣，建築師也透過加高地板與天井以利通風。無論是房屋的外觀或內部設計，都頗具巧思與特色。高商、帝大的教授們在這裡生活、工作、研究，他們的下一代也在此出生、成長、求學，直到戰後歷經留用，最終被遣返回國。

戰後很長一段時間，昭和町獨具特色的住宅以及戰前的生活記憶，與我們如何規劃家園毫無關係。這種現象反映臺灣的空間與社會集體記憶兩者間的關係是斷裂的。直到一九九〇年代後，臺灣歷經民主化與政治構造變動，公民參與成為新的政治文化，這些日式家屋與圍繞著家屋的人事物才開始慢慢走入我們視野，成為集體記憶的一部分。一九九〇年代中葉，文建會提出「社區總體營造」政策，希望能「建立社區文化、凝聚社區共識、建構社區生命共同體的概念」，以培育地方文化與具特色的社區。該項政策願景反映在經濟與文化全球化趨勢下，政府致力於保護弱化的地方農村經濟與在地文化的思維。此後，官方逐步推廣「社區總體營造」，二〇〇二年更將此項政策整合提昇為「新故鄉營造計畫」，青田街的社區即包含在「新故鄉營造計畫」中。我們能從整個發展過程，看見地方的再生、傳統文化的再記憶，以及地方認同的復權等動向。

二〇〇二年，一場地方政府與社區大學合辦的課程「綠色社區動起來——大安區都市規劃與社區營造宣導」，意外開啟青田街後續的老樹與老屋保存運動。居住在當地的課程參與者在實際走訪大安區、理解地域的自然環境與歷史過程，注意到隨著地區開發，老樹逐漸被砍伐減少。這項關注促成地方居民合作，展開老樹保護行動。二〇〇三年，當地居民以保存老樹為契機，開始思考應如何維持社區景觀、珍惜居民共有的記憶？他們注意到日式木造家屋與庭院中的老樹有著密不可分的關係，這也是青田街的特色。有鑒於此，他們提出將日式木造建築的保存納入社區營造的一環。於是，在二〇〇四年，「青田社區發展協會」成立，該協會成員將改善居住環境的活動組織化，並舉辦「青田再發現——影像文物展」的展演。在這場展覽中，他們展示的重點不只在建築家屋，更聚焦於曾居住在此的人們。社區居民的關注對象從原先的老樹與日式家屋建築保存，拓展到對歷史面向的關懷。此時此刻，老樹、家屋與過往的歷史、生活經驗才結合在一起。

這段時期，戰前居民的居住經驗、記憶開始跨越疆界。在一名臺北第一高女出身的居

位於青田街七巷六號的房屋「青田七六」，由戰前日本農學者立足仁設計，採和洋混合建築，戰後由立足人好友、地質學者馬廷英教授承繼。（圖片來源：宋繼昕）

民牽線下，保存運動與日本前居住者展開互動。以此為契機，原本在日本就會相互聯繫的原居民，在日本成立了「台北昭和町會」，邀請現住居民們一同參與。在相互聚會、交談中，戰前日本居住者對「故鄉」的回憶再次展開；青田街現在的居民則在社區營造過程，和戰前昭和町住民的記憶相遇。

二〇〇七年，參與老樹與家屋保存運動的居民游雲霞女士撰寫了《青田行走》一書，並拍攝紀錄片《家在青田街》（二〇一〇年）。無論是保存老樹、家屋，或挖掘歷史記憶、記錄、分享跟舉辦活動，都是打造家園、讓乘載歷史與記憶的地景更豐厚的過程。原本，只屬於昭和町前居民的記憶，因為保存空間的行動與圍繞著這些物的思考，逐漸成為臺灣社會集體記憶的一環。

當灣生們的年歲增長與凋零，日本的「昭和町會」逐漸難以為繼（這也是許多在臺日人團體集會近年共有的處境），終於在二〇一七年劃下句點。二〇一八年六月，「昭和町會」在熱心人士的安排下移師臺北再聚。參與活動者有青田街當地的居民、商家，而受邀來臺者除了「灣生」本人，還有他們的下一代。至此，有關昭和町／青田街的記憶，不但跨越空間疆界，更開始「跨越世代」，匯聚了前居住者和現住者，以及他們的下一代。

透過挖掘地區歷史與舉辦交流活動，日式住宅群被賦予戰前到戰後居民重層記憶的空間意義。青田街數棟日式家屋被登錄為古蹟或歷史建築，二〇〇七年，當地更被指定為「聚落風貌保存專用區」。在保存運動過程，居民之間的緊密性增加，他們周遭的住宅成為「文化資產」、「過去」轉化成文化與具有商業價值的地景。

今日，走在青田街，可以看到許多帝大教授們在庭園、街道上移植的熱帶特有植物。曾經居住在這些空間中的人物，象徵戰前到戰後學術發展的足跡；戰後，「灣生」們的懷鄉之

從老樹與日式家屋建築保存運動，到關注戰前居民生活記憶，昭和町／青田街住民得以重構充滿連續性的家園、歷史地景。（圖片來源：宋繼昕）

旅則是後殖民記憶一環。在未來，這些植物、建築、學術史與圍繞故鄉的敘述，還能如何與我們的地景跟歷史記憶結合，化身為豐富多元的家園面貌？

法國歷史學家皮耶諾哈（Pierre Nora）以「記憶所繫之處」探問「法國是什麼」時，他抽絲剝繭追溯多線複數的記憶，發覺這些記憶是具有連續性的。它們像地層一樣沿著時間軸，蘊含封建時代「國王的記憶」、王政時代「國家的記憶」、大革命後「國民的記憶」、共和時代「公民的記憶」，以及現代「歷史遺產的記憶」。回到臺灣，許多日式建築與在記憶中微不足道的學校生活記憶，也層層積累「日本帝國擴張」的殖民開拓、臺灣人和日本人的「殖民地經驗」、「帝國崩解後」的日人故鄉記憶，臺灣社會從缺席、斷裂到包攝的「公民記憶」，以及當代我們如何「重新面對歷史遺產的記憶」。未來將會是我們一起繼續前進的旅行。於是，那些看似只屬於在臺日人的戰前經驗與「故鄉」記憶，不再只是在臺日人的故事，也是我們創造家園、層累記憶的故事。

第五章：臺灣萬里真吾鄉
——外省人的「故園」與「新家」

蔡蕙頻

「爸，我要結婚了。」女兒坐在爸爸旁邊，輕輕地這麼說。

眼睛盯著電視螢幕的老爸爸沉默著，彷彿完全沒有聽到那樣。幾秒後，他依舊看著螢幕，但啞啞地說：「我一個人來到臺灣，什麼都沒有，沒想到現在……」他的視線焦點穿越了電視螢幕，飄到某個遠方：「我不只有了孩子，我的孩子還已經大到跟我說她要結婚了……」一句話還沒說完，他已經哽咽起來。

我的媽媽每次講到當年這段和外公的對話時，最後總是沉默。我的外公是別人口中的外省人，有時候也聽別人叫他「老芋仔」。後來我才知道，他這一生如何歷經戰亂、遷徙，走過顛沛流離，最後終於在臺灣落地生根，開枝散葉。

他的眼淚，是從外省人那份特有的滄桑中蒸餾出來。

誰是外省人？

一九四五年八月十五日，漫長的二次世界大戰終於結束，戰敗的日本結束對臺灣半世紀的統治。隨著政權結束，在臺日人開始處理家當，收拾行李，準備離開臺灣。在此同時，臺海另一端的中國仍烽火蔓延，國民黨與共產黨糾纏多年的恩怨日益劇烈。從一九四五年二次大戰結束，到一九四九年中華民國政府遷臺，甚至直到一九五五年的大陳島撤退為止，[1]這段時間中國各省人民為了躲避戰事，紛紛渡海而來，湧進寶島臺灣。

我的外公就是這波避難移民潮中的一員。戰後，由於臺灣被納為中華民國版圖下的「臺灣省」，這些從中國各省遷徙而來的群眾，最初被數十年甚至數百年都居住於此的本地居民稱為大陸人、外地人，後來漸漸因為相對於土生土長的臺灣「本省人」而被稱為外省人。雖然這幾年來，若非當事人對家族背景的自我陳述，外省人這個稱呼已經比較少出現，但從小我依然常聽見身邊的人以臺語「外省仔」（guā-síng-á）稱呼我來自山東的外公。事實上，外省人也是個異質性極高的族群，他們彼此間不會以外省人相稱，而是以廣東人、山東人、浙江人等原鄉省籍稱呼，外省人在臺組成的同鄉組織，也都以「某某省同鄉會」為名。因此我們可以說，外省人其實是本省人對這群戰後中國移民的集合名稱。另外，在父系社會的臺灣，嫁給外省人的臺灣人女性，過去在族群人口的計算上也會被劃入外省人範圍。而既然這群戰

1　一九四五年二戰結束後，國共開始交戰。一九四九年十月，中國共產黨成立中華人民共和國，同年十二月，中國國民黨主持的中華民國行政院遷臺，從此臺海兩岸屬於不同政治實體。惟中華民國政府遷臺後，中國部分地區尚未受中共統治，包含浙江省東部沿海的大陳島。一九五〇年，韓戰爆發，美軍第七艦隊協防臺灣海峽，中共也欲趁勢奪取浙江外海的一江山島及大陳島，發動零星攻擊。一九五五年一月，中共正式出兵進攻一江山島，之後進逼大陳島。中華民國政府決議不再據守大陳，在美軍第七艦隊的協防之下，將軍民護送到臺灣，史稱「大陳島撤退」。這是戰後中華民國對原統治地區居民最後一次有計劃的大規模遷徙。

爭移民是來臺第一代，他們的下一代、下下一代，就被泛稱為外省第二代、第三代……。

具體來說，這段時間有多少外省人遷入臺灣？早年，由於兵籍人數在人口統計中是模糊地帶，眾人對外省人具體人數眾說紛紜。七〇年代以前，受到政治情勢影響，兵籍人數是不為外人所知的國家機密，軍人往往被另編兵籍，摒除在戶籍人口統計之外；即使知道兵籍人數，也可能因為部分軍官不住在軍隊，而有重複登記戶籍與計算人數的問題。[2] 根據各方推測，二戰後移入臺灣的外省人數從五、六十萬人到一百多萬人都有。學者葉高華則參照各方說法，加上死亡率等數據，推估當時外省人最可能介於一百萬到一百二十萬人之間。

如果從職業身分觀察，許多資料顯示跟隨中華民國政府來臺的外省人從事軍公教比率比本省人高。根據《中華民國銓敘統計》指出，一九七五年，在臺灣各級公、教類行政機關中，外省籍比率為三十五．三九％。當年外省籍人口僅佔臺灣總人口十五．三％，擔任公務員的外省籍人數則佔外省人總人口五．二〇％；同年，本省籍公務員雖佔全體公務員人數的六十四．六一％，但本省人佔臺灣地區現住總人口的八十四．七三％，從事公教業的本省人則是只佔了本省人總人口一．七一％。這項數據統計還不包含職業軍人，如果將職業軍人也納入計算，那比例恐怕會更懸殊。

之所以形成這種職業選擇傾向，和外省人從島外移入的背景有關。外省第二代作家孫瑋芒曾寫道：「我們不是農村，子弟不必繼承父業，留鄉耕種；我們也不是城市裡的商家，有上一代的資產可作生意資本。」相較於在臺灣土生土長的本省人，外省人沒有房屋、土地等恆產，因此較願意將有限資源投注在子女教育。同時，過去外省人在軍公教領域擁有教育補助、語言或人脈等文化資本，成為不少第二代子女接受相對較高的教育條件，進而進入軍公教。在苦苓的小說〈想我眷村的弟兄們〉中，平子一家就是這種家庭。平子的爸爸是連長，五個兒子都讀軍校，並隸屬於陸、海、空、政戰等部門，鄰居因此笑平子爸爸是三軍總司令。小說中也寫到軍校到眷村招生的經歷：

2　一九六九年以前，軍人的軍籍與一般民眾的戶籍是分離的，軍籍人數是機密，且部分有階軍官因居住於營外編有戶籍而重複計算，或是軍人在退伍後被編入戶籍，因此各界對外省人人數的推估眾說紛紜。相關說明可參見葉高華，〈從解密檔案重估二戰後移入臺灣的外省籍人數〉，《臺灣史研究》二八：三（二〇二一年九月），頁二一一—二三九。

> 在那個時候，讀軍校被我們視為最大的光榮。每到假日，大哥哥們紛紛穿著軍禮服，提著黑色手提箱回來；他們在村子口出現的時候，一個個都是高大壯碩的身材，帶著大盤帽，身上筆挺的軍服，背後清清楚楚三道燙過的痕跡。

而相較於外省家庭的孩子，「本地的小孩是很少願意唸軍校的，他們就算考不上高中也寧可去讀職校。」不過，隨著國民義務教育普及化，軍公教選拔制度也經歷修改，到了一九八〇年代，過去依附族群結構、清晰可見的文化資本界線逐漸鬆動。現在即使個人有外省人家庭背景，也未必優先選擇從事軍公教職業。

另一個外省人族群的特徵是戰爭記憶。同樣經歷過戰爭，外省人和本省人的戰爭經驗非常不同。縱使有些本省人曾有去南洋打仗等參戰經驗，但對多數本省人來說，戰爭是保疆衛土的備戰動員，外省人經歷的戰爭記憶則是去國懷鄉的顛沛流離。許多第一代外省人都有自己的逃難故事，原鄉的風景、家鄉舊事與逃難時的沿途見聞，成為他們彼此談不膩的話題，以及說給孩子聽的床邊故事。有些父親甚至對家族諸般細節交代得鉅細靡遺，並交代下一代要是北定中原、反共大業成功，萬萬不可忘記這些老家的習慣跟規矩。

除了戰爭記憶，語言與飲食也是外省人的族群特色。這讓我回想起自己的外公。從小到大，我經常聽不太懂外公濃重的山東口音，總是將他的語意理解得歪七扭八，偶爾也須依賴媽媽或外婆翻譯才能了解他的意思。我們知道戰後熟悉日文跟臺語的臺灣人必須辛苦學習北京話，但外省人其實也沒辦法把「標準語」說得很「標準」。外省人說話常帶著厚重鄉音，戰後許多臺灣人回想跟外省老師學習中文的經驗，都說那像是鴨子聽雷，有聽沒有懂。

至於飲食，在許多人心目中，外省人擅長製作水餃、饅頭等麵食，現在談到眷村美食，主食也多半少不了各種麵類點心。不過外省人並非全都來自偏重麵食的北方，由於故鄉在不同省分，外省人社群自然也有不同飲食習慣。人們之所以對外省人留下長於麵食的印象，多少和眷村配給麵粉有關。一九五〇年韓戰爆發後，臺灣成為美國對抗共產主義的戰友，在政治、經濟、產業等面向獲得美國實質援助，其中美國提供最主要的糧食援助就是麵粉。曾經歷美援年代的人，相信對「中美合作大內褲」都有深刻印象。早年，眷村居民由官方或教會獲得美援配給，麵粉便是配給品大宗。為了保存食物，也讓餐桌上的菜色不顯得單調乏味，媽媽們將麵粉變化成包子、饅頭、麵點、蔥油餅等各種食物。眷村本來就帶有濃厚外省人色彩，因此外省人擅長做麵、眷村美食是各種麵點的印象便深植人們心中。

結婚與眷村生活空間

戰後大批外省人移入臺灣，首先面對的是如何延續家庭與安居的問題。然而，曾經有一段時間，有一部分的基層外省軍人是無法結婚的，那是源自於一九五二年的總統蔣中正公布的條例。那年，國民政府公布〈戡亂時期陸海空軍軍人婚姻條例〉，其中規定包含「年齡未滿二十八歲者但女性不在此限」、「直接參戰或擔任緊急防務者」、「學生在受訓期間者」、「各軍事學校受養成教育畢業後分發服務未滿二年者」，職業軍人若符合四種條件都禁止結婚。儘管後來政府陸續放寬對士兵結婚的限制，但種種原因也導致許多基層士兵耽誤婚期。

非軍職的外省人雖不受這則條例限制，但不少人在政府反攻大陸誓師之下，相信不久後就能返家，既然在臺灣只是短暫駐足，便沒有必要讓島嶼上的短暫姻緣，成為他們返鄉時的羈絆，因此同樣耽誤了婚期。從五〇年代到七〇年代，外省爸爸比本省媽媽大上很多歲的組合並不罕見。例如在朱天文知名的小說〈小畢的故事〉中，畢伯伯娶畢媽媽時，畢媽媽足足小了畢伯伯二十歲。

在成家的課題，部分外省人居住的眷村也標示出該群體身分特殊性。現今當人們談論到外省人時，經常聯想到眷村。眷村多指各軍種在各地建立、提供給軍人與其眷屬居住的臨時住宅，不過後來也有眷村來自各界捐資營建，部分眷村居民也不僅限軍人及軍眷。眷村村名有如一套密碼，通常光從名稱就可以窺知其所屬軍種、管理單位或出資興建的團體，像陸光新村就是陸軍的眷村，海光新村是海軍管轄，空軍眷村則有時被稱為「大鵬」；以駱駝為象徵的聯勤系統會以「駝」來稱呼，包含飛駝、忠駝皆是。至於臺貿、公路、婦聯、影劇、警察、僑愛……這些眷村就是由婦聯會、影劇團體、僑胞等特定團體募款興造。還有一種眷村的命名方式是標記居民家鄉，例如從大陳島來臺的島民在永和組成大陳新村、桃園的馬祖新村村民多來自馬祖，太武新村的居民則起源於金門等。在村名相同時，居民會以一村、二村等編號予以區別，例如空軍三重一村、新北中和的臺貿一村等，而臺北知名的四四南村，則得名於聯勤總部的四四兵工廠，由於該眷村位於兵工廠南邊，便被稱為四四南村。過去當地還有西村和東村，只是現在皆已消失。

對官方而言，眷村有集中居住、集中管理的方便性，只是不管由誰管理，當時在政府提出「一年準備，兩年反攻，三年掃蕩，五年成功」的政治宣誓下，這類住宅的大小與配置時常相當窄仄而簡陋。環顧屋內，許多外省家庭的客廳擺得是最廉價的藤椅，萬物堪用即可，若是設備陽春一點的眷村，甚至連浴室廁所都得幾戶人家共用。眷村的公共民生設施還有水井，水井常被設置在聚落中心。此外，大一點的眷村會有讓民眾集會或發放糧食的操場，居民也會就地取材，用竹籬笆簡易圍起眷村周圍，許多人因此以竹籬笆代稱眷村。

位於今臺北市信義區的南村小吃店，以傳統眷村的麵食聞名。（圖片來源：蔡蕙頻）

隨著定居日久，家戶人口增加，眷村裡小小的屋舍跟著往前、往後甚至往上搭出違建，讓住宅條件日益惡化。作家苦苓在散文〈水井、圍牆與黑房〉中就這樣描述眷村：

> 眷村裡每一家的房子都是窄窄的長條形——其實也不長，主要是前面加蓋了廚房，後面又多搭一個房間，然而除此之外，也就不再有任何一個有窗的房間了，客廳在前

面，還可以藉著家門口（也就是廚房門口）透進來的一點微光，再裡面幾個房間，就是完全伸手不見五指的漆黑了，大白天裡，也需要點一盞昏黃的燈。

然而，儘管屋舍克難與缺乏隱密性，這種特色反而成為眷村居民彼此交流生活與情感的有利條件。當許多眷村人回憶起童年生活，不約而同表示相當懷念那段雞犬相聞、互助互信，和鄰居間沒有距離的時光。

眷村的居住環境克難歸克難，通常生活條件還算穩定的，那不僅是因家中男性從事軍公教職業，領有微薄但固定的月薪；同時，政府或軍方也會逐月配給物資，讓居民以糧票換取。出身眷村的作家韓韓便說，雖然眷糧品質並不好，「可是這些眷糧車定期而至，月月，年年，二十幾年來，就從來沒有中斷過一次。我們這些軍眷子女，就在這一趟趟的馬達車聲裡，成長、直到離家。」要是規模大一點的眷村，附屬的子弟小學就在不遠處，甚至就在村內。村內小孩就讀同樣的學校，即便有村外的人加入也是少數。

由於一日所需均可在村裡得到滿足，眷村顯得遺世獨立，居民少有出村必要。眷村生活的涓滴讓來自天南地北的居民產生相互扶持、患難與共的真摯情誼，村民因而相當團結。

直到後來眷村拆遷後，這份生活經驗成為外省人辨認彼此的指標。前幾年臺灣陸續推出幾部以外省人及眷村生活為背景的戲劇作品，這種鄰里之間不分你我的無私情感，成為昔日眷村人無限緬懷的核心元素之一。

然而，眷村的竹籬笆也成為阻隔外省人與其他族群交流的一道牆。由於眷村物質供給穩定、成員職業的同質性高，這些條件造成外省人與其他族群的藩籬。如同朱天心曾寫下眷村帶給外省第二代的影響，提及：

> 很多眷村小孩，在他們二十歲出外讀大學或當兵之前，是沒有「臺灣人」經驗的，只除了少數母親是本省人，因此寒暑假有外婆家可回的，以及班上有本省小孩而且你與他們成為朋友的。

無可歸屬的蝙蝠

隨著滯臺時間日久，當年統治者高舉的政治宣示逐漸成為口號。一九五八年八二三炮戰後，兩岸長久對峙的局勢大致底定，一九六〇年代國光計畫的失敗，讓反攻大陸徹底成為泡影。「回家」成為許多外省人一生難圓的夢，讓他們不得不接受可能長居於此的事實，並開始思索應對的方法。過往隻身來臺的外省人，如今在這裡成家，之後有了孩子。妻子與孩子讓原先在外省人心中被認定為短暫停留的「異鄉」，開始往「家鄉」一端位移。

一九七〇年代中葉，兩岸的政局也開始變化。一九七五年，蔣中正過世，蔣經國繼任總統。一九七九年中共提出《告臺灣同胞書》，明白表示對臺灣的和平統一態度；對此，蔣經國則提出知名的「不接觸、不談判、不妥協」的三不政策，表明中華民國在任何情況下都不會與中共政權妥協，兩岸的政治僵局因而持續。此時，兩岸斷絕已經有三十幾年，戰後來臺的外省人隨著年紀增長，無法再抑制想家的心情。一九八七年，一名長年希望政府開放外省人返鄉探親的老兵何文德，頭上綁著「只要解嚴，不要國安法」的綠色頭帶，身穿寫了「蔣政權是畜牲，人類親情牠否定，不准我通信」大字的白衣，上街呼籲政府讓老兵回家。

何文德的行動獲得其他外省老兵與幾名政治人物的支持。在他們的協助下，「外省人返鄉探親促進會」終於成立，該組織負責協助外省人尋人、轉信、匯款與探親事務。同年七月，中華民國解嚴，緊接著，政府在十月宣布開放民眾赴大陸探親。外省人終於要回家了。當時，外省人的返鄉探親由紅十字會居中辦理。根據紅十字會統計，十月政府發布開放訊息後，從十一月到十二月間就有一萬多人獲准返鄉。

返鄉探親的旅程為許多外省人帶來前所未有的衝擊。除了再次踏上闊別半生的原鄉帶來的激動，如果曾在中國有過婚姻，移居臺灣後又再婚，兩地的婚姻如何處理，以及對原鄉父母與親人的虧欠、故鄉人事已非的失落等，都為當時無數名外省人帶來心靈的震盪。一九八八年，孫越主演的電影《海峽兩岸》上映，這部電影描繪一名外省老兵在開放探親後面對兩地家庭的複雜心境。電影海報上是一張撕成兩半的照片，一邊是主角在中國的老妻與女兒，一邊是臺灣的太太與兒子，這是多麼強烈的比喻。

另一方面，當這群外省群體踏上故土，他們突然意識到在原鄉人面前，自己被稱為「臺灣同胞」。有些人不時被家人索討金錢、被攤販敲竹槓。當時由於中國經濟狀況仍然破敗，在久別重逢的激動與眼淚後，相較於臺灣的進步與富足，外省人在在體認到兩岸經濟發展與文化的差異。朱天心在〈想我眷村的兄弟們〉中，這樣描述外省人夾在臺海兩岸的複雜心情：

得以返鄉探親的那一刻，才發現在僅存的親族眼中，原來自己是臺胞、是臺灣人，而回到活了四十年的島上，又動輒被指為「你們外省人」，因此有為小孩說故事習慣的人，遲早會在《伊索寓言》故事裡發現，自己正如那隻徘徊於鳥類獸類之前，無可歸屬的蝙蝠。

一趟返鄉路，讓最終仍返回臺灣的外省人發現，自己與「家園／臺灣」並不如想像中遠，跟「故鄉／中國」也已不像當年那般親近。不知不覺間，家與鄉的位置悄悄位移了。

當眷村成了眷戀

對於出生在臺灣的外省第二代族群來說，一九七〇年代以降，他們也一再面臨身分認同的探索。一九六九年，美國與中華人民共和國建立緊密關係，中華民國政府面臨外交雪崩潮。向來以正統中國自任的中華民國不再受到國際認可。誰才是中國？如果我們不是中國，那我們是誰？這些提問成為時代巨變下的大哉問。外省人第二代沒有父祖輩壯烈的戰爭與流離經驗，他們從未踏上父祖輩口耳相傳的土地，只能想像山河的遼闊，卻又難以想像。作家張啟疆曾回憶，兒時在眷村聽一位老爺爺講家鄉有泓大的湖，孩子們問道：「那座湖比日月潭大嗎？」老爺爺回答：「日月潭算啥？你們這些只看過地圖的陋崽子，哪裡曉得大陸的壯闊。」然而確實，當長輩說起泰山與黃河時，外省第二代只能憑歷史與地理課本想像阿里山和日月潭的形貌。尤其當戰後兩岸相對穩定的局勢下，外省第二代對中國的認識已日漸模糊，中國不再是生於斯長於斯的記憶地景，而是逐漸轉變為真空朦朧的文化中國。

另一方面，臺灣文壇此時也出現再次思考「鄉土」本質的呼聲，認為文學如果有它的社會責任，那文學家的筆就應該描寫臺灣的景物地貌，關懷這裡的風土人情。一九七〇年代掀起的鄉土文學論戰，是文壇重新省視臺灣與中國的關係、要求重新定位臺灣的一種表現，眾人隱晦但又激烈地辯證到底誰是臺灣人，或誰有資格當個臺灣人，在這場激烈的辯證中，外省人也參與其中。爾後，包含美麗島事件、林宅血案、解嚴、野百合學運等一連串政治事件接踵而至，民間要求政府正視社會問題背後，一股主張「臺灣優先」的新力量滾滾而動。

大時代的變化如此劇烈，生活在劇變年代的外省人第一代與第二代，無論立場如何都不可能置身事外。他們得與自己從小吸收的文化認知對話，和這個國家同步審視自己是誰，和這座島嶼的關係如何。祖籍在山東但出生於苗栗的作家王幼華就曾說：

> 對家鄉的強烈盼望，在第二代的我們來說是淡薄的了。因為我們從不曾踏過那兒的一撮土，不曾領略過那兒的風土人情……我已經撐過三十歲了，全部的生命都在這裡成長，所有的喜怒哀樂都發生在這裡，這裡的土地，這裡的情同手足的友人。

最後他感嘆：「唉，這裡應該才是我的故鄉了吧。」

緊接而來的是家屋空間的消失。一九九六年，政府為了提高土地使用經濟效益與照顧眷戶，通過了〈國軍老舊眷村改建條例〉，由國防部負責推動眷村改建。許多眷村面臨拆遷的命運，過往熟悉的竹籬笆被拆掉，太過窄仄的空間、格局混亂漏水嚴重的房屋、陰暗潮濕的村落，被陸續改建為一幢幢配有現代化設施的大樓。外省人，特別是生長於眷村的外省人第二代，一方面樂見生活品質提升，一方面卻又對充滿回憶的老家消失感到深深不捨。眷村的空間見證他們質不豐卻無憂的童年與青春歲月。在眷村改建多年後，作家孫瑋芒重新回到家鄉，寫道：

> 行經村大門的新建金字牌樓，大操場早已鋪上了水泥。偏促一隅的村辦公室，遷移至新建的活動中心。柏油道在鄰與鄰之間縱橫。嚮往孩子們總愛擠到鄰家看電視，而今電視天線在家家戶戶，似叢生的稻稭。

對於兒時空間的消逝，作家感嘆道：「村，已非是童年的村。」孫瑋芒並非唯一有此感傷的人。有過眷村生活經驗的外省第二代，在重返眷村、尋找兒時記憶與村裡的人情味時，不約而同都有「遂迷，不復得路」的惆悵之感，眷村這個雞犬相聞、與世無爭的桃花源，原來終有毀棄的時候。

除了眷村的消失之外，曾經生活在眷村的外省人第二代也遭遇無法說臺語的艱難。雖然在成長期間，他們不曾經歷本省小孩不小心說出臺語而受處罰的困擾，華語也是不分族群、戰後出生世代的共通語言，但當時民間臺語仍廣為流通，許多外省人由於不會聽與說臺語，在私人企業謀職時處處碰壁，很快就嚐到危機與挫敗滋味，朱天心因此說這是外省人「得為這項（國語）政策償債」。

至於未曾生活在眷村的外省人，和出身本省人家庭的朋友鄰居一起成長，求學生涯中也不乏本省人同學。對這些外省人第二代群體來說，語言適應的問題相對不會那麼嚴重。我遇過不少外省人第二代講臺語和本省人不分軒輊，甚至用詞靈活出神入化，若非長期養成，實在不太可能將語言運用到如此嫻熟地步。每當詢問他們為什麼能把臺語說得這麼流暢，他們總異口同聲表示：「大家都說臺語，你不說臺語，沒辦法生活。」

誰還是外省人？

最後，讓我們回頭思考外省人「家園化」的議題。「化」經常被用作動詞，表示個體由一種狀態逐步轉變成另一種狀態的歷程。「家園化」便指個人或群體來到異地，經年累月生活，逐漸對異鄉產生連結與感情，在精神上認同當地為自身「家園」，進而在實質上也將移居地稱為自己家鄉的轉變過程。

回顧自身經歷的家園化歷程，我想起我那生於山東、一九四九年來到臺灣的外公。從我有記憶開始，外公每天的餐食都少不了大蔥和酒。夏日午後，我們祖孫會一起坐在電視前，看螢幕裡放著京劇，有時我會聽見他跟著劇中人物哼兩句。過年時候，桌上一定有外公親手包的餃子，那餃子遠大於市售水餃，有些餃子裡面也會藏著糖塊或一塊錢硬幣。不知道從什麼時候開始，外公家裡立起祖先牌位，過年時牌位前燭火通明，供桌上有鑲著紅棗的大饅頭。很多人說外省人在臺灣無祖先可拜，但我不那麼認為。

一九八七年，當政府開放外省人返鄉探親後，外公曾在長子陪同下兩度返回山東老家。據說他第一次回家時，跪在父母的墓前痛哭失聲，久久不能自已，且透過捐資修墳，彌補長年無法孝順父母的虧欠。但第二次返鄉探親時，他的情緒已經平靜許多。身為外省人第二代的媽媽、阿姨與舅舅們，其中確實有人從事軍公教職業。我有一名舅舅是軍人、一名阿姨是老師，不過他們之間總是用流利的臺語交談。或許他們先後前往中國旅遊，對傳統中華文化抱持一股孺慕情感，卻未曾有過返回山東、尋訪「原鄉」的念頭，而理所當然將臺灣視為家園。

在家族中，唯一比較整齊的特徵是政治立場。這點在過去也常被視為外省人辨識指標之一。作家苦苓便曾寫到，每逢選舉時，儘管宣傳車在眷村外繞來繞去，一波又一波來聽政見發表的人湧入與村子只隔一道牆的小學，不過：

村裡沒有人關心是哪些人在競選，也不太管選的是什麼長什麼員，反正時候到了，自然會有人來通知大家選幾號，到時候散個步到隔壁，按照號碼蓋個章就是了，往往連自己選的那個人是什麼長相都不清楚。

對於外省人在政治立場上普遍親藍的現象，研究員尚道明在訪談眷村居民時注意到，有些外省第一代由於曾遭受共產黨迫害，政治光譜上與戰後國民黨政府長期反共的政策一致，而認同中華民國；戰後，國民黨透過黃復興黨部深入眷村的組織動員，更使這種政治傾向根深柢固；法國政治學者高格孚則認為，一九八〇年代末臺灣的本土化浪潮，讓外省人的國家認同受到衝擊，得重新適應變動中的政治環境。彼時在建立本土文化認同過程，部分社會大眾受到少數外省權貴家族形象影響，而指稱外省人群體為「高級外省人」、「既得利益者」、

「喝國民黨奶水長大」等論述；但在現實中多數外省人過去生活同樣艱難不易，他們之中在眷村生長並獲得各項物資保障的人僅占部分比例，且所獲得補助也非錦衣華食，很多人因此感到腹背受敵。有鑑於此，一些外省人很快集結成不同路線的政治勢力，對抗以本省人為中堅的政治力量，並積極參與一九七〇年代的政治與社會改革路線之爭。然而我們必須理解，儘管過去外省人常被認為是傳統的藍營支持者，但任何族群的政治立場都不是單一性質。在外省人中，也散見如「外省人臺灣獨立促進會」等支持臺灣獨立的各種政治光譜組織，且從不畏懼在政治議題上表態。

此外，儘管外省人常被認定在政治光譜上傾向藍營，但其中許多人不認為傳統的國民黨政治人物能為自身代言。高格孚在他的著作《風和日暖：臺灣外省人與國家認同的轉變》中，就曾以一九九七年呂秀蓮競選桃園縣長時的發言為例，說明社會對外省人的不了解。那次選舉，係因前任桃園縣縣長劉邦友在任內遭人槍殺身亡而舉辦縣長輔選。呂秀蓮作為民進黨候選人，同時挑戰國民黨候選人方力脩與新黨候選人賴來焜。由於桃園縣境內有眾多眷村，呂秀蓮遂前往大溪頭兩蔣陵寢爭取眷村居民選票。當時，她提出「兩蔣陵寢政策」，指出「兩蔣」是臺灣新住民代表，而她日前公布的「五族共和」政綱就是要促進各族群相互尊重、共生共榮。此語一出，引來時任國民黨文工會主任蔡璧煌抨擊呂在「騙選票」。

針對呂秀蓮的說法，高格孚指出，當時那些視自己為「新住民」的外省人，絕對不會將蔣介石視為他們的代表；恰恰相反的，他們極度想要擺脫掉蔣介石執政時期的專政陰影。我認為摒除政治立場的攻防，長久以來，外省人對以蔣介石為首的國民黨都抱持複雜心情。一方面，他們對這個政黨懷抱同舟共濟、休戚與共的心態；但另一方面也對國民黨帶他們來臺灣後，未能履行原先承諾帶他們返家，並讓從事非軍公教外省人幾乎自生自滅多有怨言。尚道明在進行田野訪查時，也留意到老一輩眷村居民相信「否定國民黨等同否定中華民國」，但他們有些人卻也稱呼蔣介石為「老頭」而非「蔣公」或「老總統」，因此不能用「愚忠」來形容外省人與國民黨之間的關係。我的外公雖然在選舉時必然投票給國民黨，但我也聽過他批評蔣介石。

✻

世代會交替，隨著眷村消失，在保存歷史記憶與族群文化的呼聲下，臺灣各地設有眷村博物館或文物館，館內陳列著行李箱、蚊帳、大同電鍋、收音機、藤椅、擀麵棍等各種物件，也刻意復刻一個小小的廚房或房間，呈現早年眷村的環境。每當我來到這樣的地方，幾乎都會聽到稍有年紀的遊客難掩興奮指著陳列品，語氣高昂向身旁小孩說著幼時生活艱苦克難的種種。不過孩子多半會以局外人聽故事的心情看著這些展示品，過去深植於外省人生活中的眷村及眷村文化，對未曾經歷這一切的次世代來說，已成博物館中的展件。

如果認真算起，外省人在臺灣已經有第四代，甚至第五代。從第一代到第二代，外省人不再承繼戰爭記憶與流落異鄉的遺民心境；從第二代到第三代，外省人遺失眷村的甜美回憶。到了第三代、第四代，

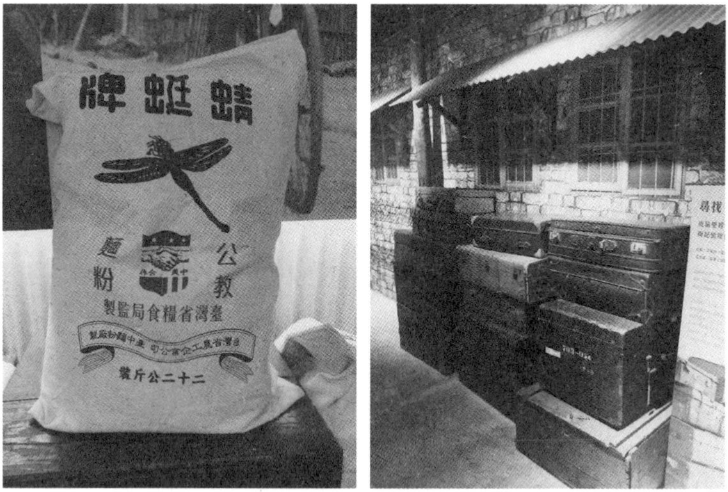

信義公民會館暨眷村文化公園展覽之行李箱、麵粉袋等物件。（圖片來源：蔡蕙頻）

這些族群的符號（symbol）更顯淡薄。當父祖們經歷的戰役與流離，已是在教科書上才讀過的歷史名詞；當出生於外省家庭的孩子和本省籍友人用同樣的聲調說同樣的語言，而不熟悉父祖輩說的中國各省方言鄉音；當外省人後代看著陳舊的行李箱、大同電鍋或簡陋的藤椅，無法想像上一代何以對這種簡陋生活環境充滿眷戀，而非厭惡；當他們被問起「你是哪裡人」時，他們的回答是基隆、宜蘭、臺中、彰化、雲林或屏東，而不是遼寧、山東、浙江、湖北、廣東或海南。當外省人從早期跟住在同一村的居民一致支持某位政黨候選人，到成立「外省人臺灣獨立促進會」，以及如今各種政治民意調查不再公布族群背景的投票取向。臺灣在經歷美麗島事件、野百合運動、太陽花學運後孕育出一代「天然獨」青年，外省人以及其後代的政治立場也變得更加多元。

宋代文豪蘇東坡晚年被貶至海南島時，寫下「海南萬里真吾鄉」這段傳誦後世的知名詩句。詩文說明即使是異鄉人，也有反客為主、讓異鄉成為家鄉的可能。每當我讀到這詩句，總會想起飄洋過海來來到島上的外公。二〇〇五年，外公癌症過世，在他離世前，我母親曾和他討論身後事，問他之後要送你回山東嗎？但外公搖搖頭，低聲說他想在臺灣，「兒女都在這裡，家也在這裡，」外公說，這樣以後子女好掃墓。

作家郭良蕙的長子孫啟元在《眷村小子外省掛》裡，曾剴切地陳述：

絕大多數的外省人，絕大多數的眷村第二代，已經和本省人幾乎雷同，生於斯，長於斯，也必然老於斯；即使當年生於彼岸，絕大多數跟隨父母來臺也多為襁褓。絕大多數的本省人，也早已脫離日本籍臺灣人的蔭影，已經和離鄉背井外省臺灣人共治一爐，生於斯，長於斯，也必然老於斯。

外省人在臺早逾七旬，中國的「故園」仍故，臺灣的「新家」早已不新。的確，當我們都是土生土長，誰還是「外省人」呢？

第六章：日久臺灣是故鄉
——新住民與新家園

阮氏貞

婚姻移民是二十世紀末以來臺灣規模較大的移民潮。一九七〇年代末，一些臺灣男性已透過仲介業者與東南亞地區的女性結婚。隨著一九八〇年代後期中國改革開放，臺商前往中國投資，以及一九九〇年代初臺灣政府推動南向政策，許多臺商轉往東南亞地區進行海外投資。政府開放政策與全球經濟發展，帶動婚姻仲介業興起，愈來愈多臺灣男性前往中國與東南亞國家尋求婚配對象，形成臺灣的婚姻移民潮。一九九二年後，臺灣通過《就業服務法》，開始合法將東南亞移工引進臺灣勞動市場。

這些近幾十年來因為婚姻、工作、移民而定居臺灣的人們，形成「新住民」群體。新住民來自不同國家，與臺灣人民組成家庭，帶來家鄉文化、美食，也讓臺灣社會有更多元的風貌。在目前臺灣新住民族群中，來自中國（含港澳）的人口最多，再者是東南亞國家的越南、印尼、菲律賓與泰國等；新住民中的性別比例則以女性佔多數。本文討論的新住民便以佔多數的新住民女性配偶為主。

有關新住民的代稱

截至二〇二四年五月，新住民在臺灣約為五十九萬七千人，中國（含港澳）約為三十八萬五千人，佔六十四．五％；東南亞國家新住民約為二十一萬一千人，佔三十五．四％，其餘人來自中國與東南亞地區以外的國家。在東南亞新住民中，越南人約有十一萬八千人（十九．七五％），印尼人約有三萬二千一百人（五．三八％），菲律賓人約有一萬一千多人（一．九七），泰國人約為一萬兩百多人（〇．七三％），柬埔寨人則約有四千三百多人（〇．七三％）。

此外，在新住民中，約有五十三萬七千人為女性（約佔八十九．八五%），六萬六百多人為男性（約佔十．十五%）。新民居住在臺灣各地，目前以新北市人數居冠（十一萬六千八百四十五人），桃園市排名第二（六萬七千七百三十四人），臺北市排名第三（六萬七千四百五十九人），高雄排名第四（六萬七千二百四十一人），臺中市則排名第五（六萬三千六百八十五人）。至於新住民家庭生育的子女人口，參考教育部第一一一學年度統計，從幼兒園到大專院校各級學校的新住民子女學生數合計有二十八．五萬人，占臺灣全體學生總數約七%。

現在我們慣常使用「新住民」代稱婚姻移民者，然而回顧過往，最初社會上多稱婚姻移民女性為「大陸新娘」及「外籍新娘」。二〇〇三年，內政部訂定「外籍與大陸配偶照顧輔導措施」，二〇〇五年成立「外籍配偶照顧輔導基金」，改稱婚姻移民女性為「大陸配偶」及「外籍配偶」，這是當時政府對婚姻移民者的正式稱呼。二〇一二年三月，內政部、教育部、學校與民間團體等各級機關舉行跨部會與跨領域合作，共同辦理「全國新住民火炬計畫」，將新住民所生育孩子稱為「新移民子女」。二〇一二年五月二十一日，時任內政部入出國及移民署（今內政部移民署）署長的謝立功宣布，今後移民署將對來臺外配與陸配（包含歸化取得身分證者）統稱為「新住民」。隨後，各縣市相關單位也陸續更名，例如二〇一二年十一月十九日，宜蘭縣政府在「新住民照顧輔導小組第二次聯繫會議」中，決議正式以「新住民」作為對婚姻移民的統一稱呼。

二〇一六年，內政部將「外籍配偶照顧輔導基金」名稱修正為「新住民發展基金」，並將新住民的代稱對象擴大包含來自世界各國的外籍人士。凡外國人、無國籍人、中國、香港、澳門居民與臺灣公民有婚姻關係者，皆在政府認定的新住民範疇。前述這些人組成的婚姻家庭，被稱為跨國婚姻家庭或新住民家庭，在該家庭誕生的子女，則被稱為「新住民子女」。從「大陸新娘」、「外籍新娘」到「新住民」，對婚姻移民稱呼的變遷，反映中央與地方政府不同時期對婚姻移民態度的轉變。

然而，這些身分有時只是法律上便於指涉的代稱，在現實生活中未必產生重大影響，個人在臺灣的生活經驗仍因人而異。二〇一三年，內政部曾針對外籍與大陸配偶的生活需求進行調查，調查報告顯示有八十四．四%的新參與研究者認為不需要特別稱呼，主張希望被稱呼為新住民的人只占了五．二%。我本身訪問過一名印尼新住民子女小安，他的父親是一九四九年來臺灣的外省人，母親則是印尼華僑，兩人在一九八四年結婚。小安的母親雖然也在政府定義的新住民對象內，但她成為新住民時間，遠早於一九九〇年代臺灣的婚姻移民潮。[1]小安自幼在眷村長大，左鄰右舍都知道他母親來自印尼，但彼此從未區分你我，在生活中互相照顧幫忙，相處了幾十年。因此，他從未感覺自己與其他非新住民家庭出身的子女存有差異。

然而，許多新住民家庭的子女沒有像小安一樣幸運。二〇二三年，社團法人高雄市移民文化教育服務協會編印《進得來 留得住 多元友善價值的城市》一書，記錄新住民與新住民子女的生命故事，其中有兩篇故事的作者是越南裔新住民子女淑惠及文婷，她們紛紛提起成長過程遭遇歧視、對自身家庭背景感到羞恥的經驗。例如淑惠分享道：

> 社會大眾對於越南的刻板印象都是吵雜、環境髒亂，甚至覺得越南是落後的國家，我曾經不敢在大家面前說越南語，甚至不想承認自己是新住民子女這件事，大家總是拿我的身分來開玩笑，也因為這樣自己變得很自卑，不願意開口說越南語，對越南變

1　內政部的統計資料時間從一九八七年一月起保存。

得很陌生，也不喜歡跟螢幕裡的越南家人聊天。

小婷則提及主流社會對歐美國家與東南亞國家混血兒的差異態度：

> 小時候知道自己是越南人的小孩，就覺得很自卑，不敢承認自己是混血兒，因在同學印象中的混血兒就是來自歐美地區的，而不是越南、印尼、菲律賓、泰國、柬埔寨等這些東南亞國家。那時，我還希望媽媽不要在外面說話，因為只要一開口，不管走到哪，都有機會被異樣眼光注視。有些人認為，透過仲介介紹的婚姻就是買賣的婚姻或是假結婚。有時，會讓我覺得自己像動物園裡的動物一樣，被觀察、被檢視、被困在各種不友善和刻板印象的隱形框架，始終無法逃脫。

為什麼新住民子女對自己的身分感到礙虐（gāi-gioh）、彆扭不自在，甚至想將自己「隱藏」起來？小安跟淑惠、文婷經驗的差異，提醒我們主流社會對新住民產生負面觀感，其實是從一九八〇、九〇年代開始仲介業者透過商品化手法操作跨國（境）婚姻，以及主流媒體片面的報導不謀而合。由於社會大眾對新來的移民女性缺乏全面理解，因而產生刻板印象與污名化言論。

新住民的夢想與困境

「有一群南國姊妹，懷著美麗的夢想，飄洋過海嫁到臺灣來……」

——（高雄廣播電臺〈南國姐妹情廣播節目〉二〇〇四年片頭）

新住民為什麼來到臺灣？來到異鄉的心境又是如何？高雄廣播電臺的節目「南國姐妹情」片頭這短短二十三個字，就傳達新住民從母國飄洋來臺灣的心境。每個人走入婚姻都渴望得到幸福，新住民也是如此，即使來自不同國度，文化與成長背景不同，但他們的渴望與其他臺灣人沒什麼兩樣，都嚮往過幸福美好的生活，更期盼得到社會大眾的真心關懷與接納。

文化人類學家Caroline Brettell曾指出，婚姻是一種重要的移民途徑，不同類型的婚姻移民影響移民者在移入國家的適應狀況。移民者藉由婚姻得以建立新的家庭與社會關係網絡，這對他們適應新環境至關重要。婚姻也可能影響移民者的社會地位、經濟資源與文化習慣。另外，婚姻移民過程可能產生的性別與權力關係不平等，也將決定移民者在家庭與社會的經驗，以及他們所扮演的角色。

新住民來到臺灣後的生活情況如何？高雄美濃社區的外籍新娘識字班有一首班歌，娓娓道出新住民女性初到臺灣的處境：

> 天皇皇，地皇皇，無邊無際太平洋。左思想，右思量，出路在何方。天茫茫，地茫茫，無親無故靠台郎。月光光，心慌慌，故鄉在遠方……[2]

二〇一八年，內政部移民署針對一萬八千二百多名新住民在臺生活需求進行調查，其中有六十四．六%的新住民在臺灣居住超過十年，十二．六%的新住民居住超過二十年。該報告指出，新住民在臺灣面對的課題，包含文化衝突、語言藩籬、社會歧視等。其中，語言溝通是最令新住民困擾的問題，但據說隨著年齡增長、居住臺灣時間增加，新住民的聽力與表達能力跟本地人落差會逐步縮小。個人透過提升語言能力與認識當地文化，將能縮短身分隔閡；然而如果要減少社會歧視，那須仰賴政府與人權團體長期投入改善問題。

事實上，臺灣社會對新住民的偏見與歧視始終存在，這種情況很可能發生在極其日常的時刻。新住民女性融合性別、種族、階級等多重交織的身分，讓她們面臨各種層面的壓力。例如一次我去市場買魚，竟被一名魚攤老闆詢問：「你怎麼知道吃這個好魚？菜錢是妳老公給的嗎？」懷孕期間，我常獨自前往婦產科做產檢，每回檢查，我都會索取一些與孕期衛教與幼兒照顧有關的文宣回家閱讀。然而，一名護士曾走到我面前，問道：「你看得懂嗎？拿這些做什麼？」這些不平等的待遇，讓我想起不久前參加一場討論外籍配偶權益的公聽會，現場有一名美籍牧師分享自身就醫經驗。那位牧師身體不適緊急就醫，在就醫過程由於無法用中文溝通，醫院裡英文最好的醫護人員都前來協助，令他相當感動，深深感受到臺灣的溫

---

2 此首歌為鍾永豐、夏曉鵑、林生祥組成交工樂隊發行專輯《菊花夜行軍》（二〇〇一年）的單曲〈日久他鄉是故鄉〉

暖。然而，當東南亞國家的新住民婦女就醫時，未必會受到同等對待。

除卻日常生活層面，新住民在求職上也可能受到排擠甚至騷擾。高雄市越南同鄉會理事長岑歡琼接受「愛家好廣播節目」訪問，分享之前有次她看到報紙上刊登了串珠代工的徵人廣告，便去電詢問。然而，當對方聽到她的中文口音後，斷然回覆：「我們不找外籍！」且不顧她表明已經持有臺灣身分證。同樣的情況也發生在一名越南籍醫師范玄英身上。即便她能讀寫中文、從事社工工作，但由於說話帶有「越南腔」，在接受電話諮詢時仍常受到歧視。范玄英便曾自述：

二〇一八年，我在一家社福機構工作，已經當辦公室的主任，但是機構外面的人還會認為我是來當義工的。曾經有一次我在處理一位越南移工的案件，某一個政府單位的官員打電話到辦公室。他一聽到我的越南口音就說：「我找臺灣人！」……雖然我現在沒有再被問：「老公花多少錢娶我」，但還是有很多臺灣人若知道我會開車或者自己有房子時，免不了會滿臉疑問地問我：「你也會開車？」或者「你自己也有房子？」

並非所有新住民都到臺灣後才開始學中文，有些新住民早已在母國會說中文，甚至是從中文系畢業，且曾在臺商企業工作。范玄英背景就是如此。然而，那無法讓她們脫離被用異樣眼光看待的遭遇。

玉融是一名印尼新住民，來臺灣後好不容易找到一份家庭代工工作。她的手腳俐落，總是很快交貨。明明從事相同工作，但她收到的酬勞總是比臺灣女工少五十元。同工不同酬的待遇，讓她深深意識到職場存有的剝削與身分歧視。越南人阿慧從母國一所國立大學畢業，主修經濟學，並從事導遊二十年。可是她來臺灣後找工作卻處處碰壁，只能從事各種臨時工，例如家教、訪視員、清潔工等。後來，她學會牛角鬆筋，在市場旁開了個人工作室，卻常被男性客人言語騷擾。有一些離婚後獨力撫養子女的新住民女性，也會開設家庭式的小型按摩店，如此能邊工作邊照顧孩子，但從事這類行業很容易被外人冠上「做黑」的污名。我本身從事社工與母語教師多年，也曾被幾名去新住民家庭服務的社工員詢問：「為什麼新住民這麼喜歡從事某些特定工作，例如按摩？」或者「新住民在臺灣過得不幸福，為什麼還想留下來？」

近年來，雖然中國與東南亞各國經濟起飛，臺灣社會仍有不少民眾抱持著新住民來自貧窮國家的刻板印象。究其原因，過去臺灣新聞版面時常以負面角度報導新住民，加上在臺灣跨國婚姻仲介行業最盛時期，業者打出物化女性的行銷手段，賦予跨國婚姻商業化與買賣形象，致使社會大眾對來自東南亞的婚姻移民女性產生污名與偏見，也對跨國婚姻產生錯誤想像。

媒體如何形塑新住民的形象至為關鍵。二〇二二年，在家樂福中元節的廣告短片中，知名Youtuber阿翰扮裝成阮月嬌，模仿新住民口吻呈現出懶散的形象，引發輿論反彈。許多移民團體認為該廣告傳達對新住民女性的刻板印象，要求家樂福下架影片並提出道歉。另外，二〇二四年七月三日，中時新聞網刊登一篇標題為「越南新娘搶破頭嫁臺男內幕曝光」的影音報導。那段報導從主題、對新住民的代稱到內容都帶有歧視詞彙與片面資訊，引發越南新住民社群極大憤慨。許多社群成員認為中時新聞「刻意操弄、惡意抹黑特定族群」，尤其針對新住民女性，而發起抗議行動，要求中時下架新聞。

上述這些發生在新住民身上的不愉快經驗其實不勝枚舉。倘若觀察臺灣主流社會的刻板印象，以及許多新住民女性夫家家庭對配偶的不信任，我們不難理解何以新住民在語言與經濟資源上總是處於弱勢、在生活中處處碰壁，或成為無法為自己發聲的社會邊緣人。

有時，歧視的話語不僅在民間流傳，更能從政府官員或民意代表口中聽到，無論是像「外籍與大陸配偶少生一點」、「外籍配偶生的子女會降低人口素質」、「越南新娘有越戰餘毒」等未經證實的言論；或像「目前臺北市已經進口三十萬外籍新娘」、「鳳凰都飛走了，進來一大堆雞」、「瑪莉亞怎麼變老師？」等歧視發言，這些驚人的言論，透露有一些臺灣人對新住民仍投以蔑視眼光，將他們排拒於社會之外。

以上提及案例，是存在於檯面上的社會歧視。然而在日常生活中，還存在另一種隱性歧視、如同「貼標籤」般的行為。這些言行最初可能不帶有惡意傷害，有的甚至是為了追求公平正義、傳達讚美或展現愛與關懷，但卻可能傳達偏見的訊息，尤其針對特定的性別、階級與種族，金知慧在《善良的歧視主義者》中提及的「微歧視」概念就是如此。我有一名受訪者，是結婚來臺居住長達三十五年的印尼新住民玉蘭，她曾跟我分享：

> 我參加過許多新住民成長課程，但大多只教導新住民如何扮演一個好媳婦、好太太與好媽媽角色，鮮少鼓勵丈夫參與學習，或教導丈夫協調妻子與家人間的溝通，彷彿在跟新住民說比起適應在地生活，更重要的是盡好配偶與母親本分。

學者如田晶瑩與王宏仁指出，亞洲社會的父權文化期待女性持有傳統美德，具備順從、聽話、顧家、孝順公婆等特質，這也是當初臺灣男性前往國外尋找伴侶的因素之一。

由於新住民女性長期處於弱勢地位，得依從夫家文化、擔任孩子的主要照護者；假設不幸失婚，她們在求職時也可能因為需要照顧子女而讓雇主降低聘用意願，求職之路顯得更加艱難。這些背景都可能阻礙新住民融入當地社會。學者葉郁菁也提到，有的新住民因為尚未取得臺灣國籍，一旦離婚就必須離開臺灣與孩子，因此即使在夫家遭遇不好對待，也只能忍氣吞聲，直到取得臺灣身分證。

家庭是否給予支持，相當程度影響新住民融入臺灣社會的難易度。在臺灣傳統社會，女性婚後須跟隨丈夫的文化習俗，大大影響新住民女性與娘家的聯繫。無論是跟原生家庭聯絡、匯款或返鄉探訪等舉動，都可能造成夫家不諒解，甚至成為夫妻關係的衝突點。

翻轉中的新住民面貌

二〇〇〇年前後的世紀之交，新住民在公眾領域的形象逐漸改變，政府與民間開始展現對新住民人口的重視。在臺灣，主要負責擬定新住民政策與推動相關業務的機構為內政部。二〇〇三年，有鑑於新住民人口快速增長，內政部訂定「外籍與大陸配偶照顧輔導措施」，並於隔年成立「外籍配偶照顧輔導基金」，透過挹注三十億補助金，以十年時間推動新住民與其家庭相關服務。二〇〇五年開始，內政部社會司協助全國二十五個縣市規劃設置共三十三個「外籍配偶家庭服務中心」，安排社工人員進入社區關懷訪視、執行個案管理服務與家庭服務方案；同時，社會司亦設立「外籍配偶諮詢專線」和「外國人在臺生活諮詢服務熱線」（兩者在二〇一四年整併為「外來人士在臺生活諮詢服務熱線」），提供中、英、日、越、印、泰、柬等七國語言的諮詢窗口。二〇〇七年，勞動部則開通一九九五勞工諮詢專線，專門提供外籍移工二十四小時的保護諮詢。這些措施的主要目的，都是協助移民與移工解決生活遭遇的困難。

除了內政部執行的相關政策，教育部也從二〇一二年起推動「全國新住民火炬計畫」，鼓勵新住民子女學習母語，並提供獎助學金、家庭關懷訪視與輔導志工培訓。文化部則於二〇一四年起開辦移民工文學獎，以移民工的經驗為書寫主題。二〇一六年，總統蔡英文因應東協國家經濟崛起推出「新南向政策」，其中特別重視東南亞新住民和雙語新住民子女的人才培育。之後，二〇一九年教育部將越南、印尼、泰國、緬甸、柬埔寨、菲律賓、馬來西亞等東南亞七國語言納入國小必選科目，也將新住民語言列入十二年國教課程綱要中。其他像是行政院新住民委員會、內政部新住民發展基金，以及各縣市政府新住民業務委員會也開始納入新住民委員；二〇一六年展開任期的第九屆立法委員名單中，首度出現來自柬埔寨新住民委員林麗蟬，二〇二〇年第十屆立法委員有來自馬來西亞新住民羅美玲，二〇二四年第十一屆立法委員也有來自越南的新住民麥玉珍。

在民間組織中，長期投入婦運與移民服務的社會團體，在移民人權倡議之路扮演相當重要的角色，這與臺灣民主發展有密切關係。陳芬苓在《我國外籍配偶弱勢情境分析之研究期末報告》中，提到非營利組織比政府更早投入新住民的福利服務與社會照顧。柯妧青的研究則發現政府在正式落實官方照顧輔導措施與設立外籍配偶照顧輔導基金前，早已有民間機構協助提供社會服務。例如早在教育部將新住民語言列入新課綱前，部分民間團體早已辦理東南亞國家語言、文化課程，鼓勵新住民子女與社區居民參與學習。

當非營利組織開始發揮影響力，政府也逐步放寬法令規定，例如開放大陸配偶工作權、定居數量額度，以及取消東南亞籍外籍配偶歸化為臺灣國籍需要財力證明的制度等。二〇〇三年十二月，婦女新知基金會、臺灣人權促進會、中華民國南洋臺灣姐妹會、新事社會服務中心、外籍新娘成長協會，以及女性勞動者權益促進會等團體，代表成立移民／移駐人權修法聯盟（簡稱移民修法聯盟）。這些組織致力於推動政府修正移民政策和法令，消弭社會大眾的歧視和偏見

除此之外，在二〇〇〇年成立、你我熟知的臺北市賽珍珠基金會，與高雄基督教家庭服務協會等組織都新增新住民服務項目；二〇〇三年，高雄美濃愛鄉協進會創設的「外籍新娘識字班」（一九九五年）改組為「中華民國南洋臺灣姊妹會」；二〇〇六年，關心在臺移民移工的《四方報》創刊，該刊物結合泰文、柬埔寨文、越南文與中文，報導東南亞各國與臺灣在地新聞，提供移民與移工社群交流資訊與集結互助的平臺；社團法人高雄市基督教家庭服務協會二〇〇四年製播的「南國姊妹情」廣播節目，成為在臺灣的新住民姊妹們心靈和生活上的重要窗口。臺灣尚有許多新住民關懷團體，其中不乏由新住民主導的團隊。過去被服

高雄廣播電臺「愛家好姐妹」節目由新住民擔任主持人。（圖片來源：阮氏貞）

務的對象轉變成服務者角色，在近二十年來共同為新住民與移工事務，做出極大努力與貢獻。

在臺灣，新住民人口急遽增長是不爭的事實，其中，有大約十%是移民男性，他們隱身在臺灣社會各個角落努力打拼。近年來，除了婚姻移民來臺的新住民，另一股注入臺灣社會的人流是移工。一九九〇年，臺灣第一次以專案方式引進合法移工，一九九二年更通過《就業服務法》，設立「外籍聘僱許可管理辦法」、「就業服務法施行細則」，明文規定聘用移工的產業與條件。從此，臺灣引進移工開始法制化。

根據勞動部勞動統計查詢網資料顯示，截至二〇二四年五月為止，在臺灣產業與社福機構的移工人數大約有七十七萬六千五百人，其中以印尼人居首，總數約為二十八萬四千人（佔三十六．七%）；其次是越南人，約有二十六萬九千人（三十四．七%），菲律賓人排名第三，約有十五萬兩千人（十九．六%），泰國人則有六萬九千多人（九%）。有些移工在臺灣生活工作，也會與臺灣人民認識相戀，轉換身分成為移民，如二〇〇八年獲得文化部金鐘獎新住民影后的莫愛芳就是一例子。

儘管移工來臺灣是為了就業，而非跟臺灣國民組成婚姻家庭，因此不被算在狹義的「新住民」範圍；但由於該群體人數眾多，對臺灣社會的貢獻，早已成為臺灣不可忽視的社群。

若將移民移工人數合起來，臺灣大約有一百四十多萬移民移工人口。今日，無論是在各行各業，或像是傳統市場、百貨公司、車站、餐館與農園等場所，我們都能看見移民移工身影，也習慣身邊經常出現來自東南亞的外國臉孔。

新住民與移工的加入，對臺灣社會的空間景觀與社會文化產生深遠改變。最初是在車站、加工出口區、漁港等移工聚集之地，慢慢出現主打東南亞商品的雜貨店。店內不只販售各種進口生活用品、乾貨、冷凍食品與東南亞蔬菜，更成為移工見面、連結情感、交換訊息跟紓解鄉愁的最佳據點之一。都市裡也出現充滿東南亞風情的聚落，例如新北市中和華新街，戰後由於作為緬僑聚居地，有「緬甸街」之稱。而移工的增加為當地注入新的元素。一九九五年開始，每年都會舉辦的潑水節成為地方盛事，知名的東南亞書店「燦爛時光」也選擇落腳在此。二〇〇〇年初期，臺中的「第一廣場」逐漸發展成東南亞移工假日活動據點，臺中市政府遂在二〇一六年將該地改名為「東協廣場」，對移民移工提供多項服務。另外，像高雄火車站前的「南國商圈」、屏東每月舉辦的「新住民多元文化創意市集」，或者越南國慶日、印尼開齋節，柬埔寨潑水節、泰國水燈節等活動，都讓各地社區活躍起來。在城市中各處可見的泰國料理、越南河粉、印尼小吃、菲律賓速食、印度燒餅、馬來西亞娘惹糕、新加坡肉骨茶、川味美食、雲南涼麵等，都豐富化臺灣飲食文化，並帶動社區微型經濟。

除了飲食與節慶，公部門與非營利單位陸續新增新住民的文教服務，像是在公共圖書館的書報架上，過去陳列書籍都以中英文書為主。大約在二〇一〇年前後，圖書館漸漸增加東南亞語言書籍、兒童繪本故事、影音或報刊專區。不僅移工朋友能透過借閱館藏抒解思鄉之情，新住民與其子女也能透過書中內容，認識媽媽（與爸爸）的家鄉文化。二〇一七年起，國立臺灣圖書館陸續辦理館藏舊籍南方資料展特展，介紹南洋的歷史軌跡與風土民情，讓讀者了解臺灣與東南亞的密切關係。二〇一九年，高雄市立美術館策劃「太陽雨：一九八〇年代至今的東南亞當代藝術」，引介從一九八〇年代到當今東南亞當代藝術的發展與轉變，呈現各國民族、政治、經濟、文化、歷史等多元議題。

臺灣的藝文表演場合，也愈發展現對東南亞各國藝術文化的重視。在電視媒體與報章雜誌上，穿著越南長衫、印尼戈巴雅及蠟染巴迪或中國各民族傳統服飾的新住民，出現在閱聽大眾視野。過去只有在地志工參與的國際志工日，近年來也加入新住民志工，在活動現場，新住民穿著自己國家的傳統服飾，呈現臺灣多元族群融合的面貌。

越南立體捲紙藝術家阮氏雪與她的作品。（圖片來源：阮氏貞）

越南傳統服裝「áo dài」的設計師潘秋草。（圖片來源：阮氏貞）

化弱勢為優勢的新住民

當觀光景點的店家招牌出現越南、印尼或泰文，當政府與民間組織開始發行東南亞語言版的外籍人士歸化國籍流程表或孕產媽媽手冊等文宣；當新住民全球資訊網、新住民培力發展資訊網、新住民子女教育資訊網等網站陸續上線，《四方報》、《南國一家親》、《你不孤單》等刊物創刊發行；當車站、學校等公共空間設置禱告室，方便穆斯林敬拜，官方與民間都愈來愈重視新住民，新住民又如何看待臺灣？

長年關注新住民社會權益的學者戴世玫與歐雅雯指出，依據移民階段的不同，新住民也面臨不同課題。初次入境臺灣時，新住民面對的是陌生的環境，受到語言隔閡與差異文化觀影響，新住民可能因為不了解移民程序、福利資訊來源，且缺少人際支持，而變得自信心低落。在初期居留階段，許多新住民開始產生語言學習需求，同時，他們也面對孕產與子女照顧問題、家庭關係衝突、無法取得身分等困境。當他們取得身分證後，可能碰到如何負擔家計、教養子女、尋求經濟自主可能，以及與母國維繫關係等課題。到了長期生活階段，新住民則可能專注於彙整個人移民經驗、規劃未來發展，並在保存母國文化的動機促使下投入助人行動，向新住民社群提供回饋與建立獨立生活的資源網絡。

換句話說，無論在臺灣生活時間長短，新住民在每個階段都有不同課題。面對相異的挑戰，新住民家庭成員、在地新住民網絡與社區居民能否建立正面互動經驗，最終將影響新住民能否獲取安全感、成功調和文化。

社會學者高夫曼曾指出，大眾媒體產製的內容能將「個體」轉變成「公眾人物」。在這個過程中，媒體如何傳輸個人的形象，將左右大部分視聽受眾產生的印象。新住民也是如此。當媒體污名化新住民的身分，為了適應社會，她們在不知不覺中將這些刻板印象與價值評斷貼在自己身上，以符合主流社會價值，甚至用以辨識自我，這導致過去許多新住民與她們的子女不願意承認自己是新住民家庭的成員，並對外隱藏自身原屬國家以免受到攻擊訕笑。

有鑒於此，扭轉民眾對新住民的負面印象格外重要。二〇〇七年十一月三十日，政府修訂《入出國及移民法》，明列跨國（境）婚姻媒合不得作為營業項目，也不得要求或期約報酬。任何人亦不得在廣告、出版品、廣播、電視、網路或以其他使公眾接觸資訊的管道，散布、傳播或刊登跨國（境）婚姻媒合廣告。政府也規定二〇〇六年九月前合法設立，且營業項目有婚姻媒合業登記的公司或商號，從二〇〇七年十一月底修正條文施行屆滿一年起，不可再從事跨國（境）婚姻媒合。這些法規的修正，都是企圖從婚姻移民根本，扭轉國人對新住民的負面印象。而最新的《新住民基本法》也在今年七月十六日於立法院三讀通過，有望為新住民帶來生活的改善與保障。

二十年來，政府不斷修正各項移民政策，讓相關法規逐漸符合新住民需求，尤其在新南向政策定錨後，新住民議題更受到關注。過去，許多家庭並不支持新住民教育子女自身的母語。然而今日，新住民子女學習媽媽的語言不僅不會受到阻礙，當新南向國家經濟突飛猛進、如火如荼發展，臺灣中學與大專院校更廣泛推廣東南亞各國語言。坊間不少組織開設的東南亞語言課程受到良好反應，這種現象回頭鼓勵新住民子女拾起過去迴避的母系資源。有學者便注意到新住民開始將國族身分視為一種優勢，新住民子女進一步建立起雙重文化認同，正向看待雙親不同文化價值。他們認為如果未來哪天回到媽媽家鄉創業就職，自己將比一般人更有機會，因為母親的資源將成為他們在當地的支持系統。

二〇二〇年三月十一日，內政部針對二〇一八年執行的「新住民生活需求調查」進行分析，其中就業的新住民對目前工作滿意度達八十九・八％，新住民家庭的平均收入相較於五年前（二〇一三年）也增加十三・九％。整體而言，新住民已更融入臺灣社會，也開始投身公益，

印尼姊妹陳莉莉在高雄市火車站附近南國商圈開設的美食館。（圖片來源：阮氏貞）

新住民姐妹在傳統市場設立的魚攤。（圖片來源：阮氏貞）

成為國家發展的新力量。在實務上，新住民適應新家園生活後，開始從事各行各業。尤其臺灣與一些國家同樣面臨農村人口外移、農村人口衰退與老化的窘境，新住民加入農作事業後，將耕種的蔬果與東南亞商店串連起來，常常菜市場的菜攤出現東南亞各類蔬果與香草。有的新住民在餐飲業服務，更將其文化背景當作優勢的條件，一方面得以在臺灣回味家鄉美食、凝聚同鄉情誼與訊息交流的據點，另一方面也豐富臺灣的飲食文化與街景風貌。而新住民社群中也有一些人嶄露頭角，例如來自越南、成為臺灣歌仔戲團花旦的阮安妮或紀錄片導演阮金紅，她們都從自身視角描繪所見的臺灣。更重要的是，新住民擁有的跨國資源，在經貿文化交流中建立重要的人才資本與溝通橋樑。他們所擁有的母國語言及文化，為臺灣社會注入豐沛的能量。

日久臺灣是故鄉

社會學者藍佩嘉在研究東南亞雇傭的知名著作《跨國灰姑娘》中，談到臺灣是一個移民的社會，除了原住民以外，主要的人口由福佬、客家及外省籍等三大族群所組成。這三大族群多是從中國遷移來臺的漢人，彼此具有類近風俗習慣與社會經驗，在儒家文化上建立集體認同與自我想像。而「新臺灣人」則是在一九九〇年代，臺灣社會為了建立國家主體認同而創立的國族主義修辭。然而，一九九〇年代後期來到臺灣的外籍勞工與外籍配偶，卻逐步建構另一種不同樣貌的社群，當新臺灣人這個國族主義修辭，將舊族群中的他者融入臺灣主體認同後，移民與移工繼而成為建立當代國族神話過程中的「新族群他者」。

「他者」是否有可能成為「我們」？我們從實務中看見，新住民選擇跨國婚姻，與臺灣丈夫（妻子）組成家庭、生兒育女，身為母親（父親）最放不下的是自己的孩子。早期，新住民生活在充滿歧視與偏見的臺灣社會，若遭遇婚姻不幸，許多人選擇留在臺灣的主要原因是為了陪伴孩子長大。即使她們面臨艱難處境，為了不讓孩子因父母離婚陷入國籍選擇兩難，或者必須適應新的成長環境，她們忍受在不友善的環境中生存。再者，最初許多新住民離鄉背井，是不想讓在家鄉的父母擔心，然而在不鼓勵離婚的母國文化下，一旦離婚回國，不僅當事人難以承受社會輿論，也可能受到親友鄰里排拒。新住民之所以留在臺灣，可以說是在臺灣與母國間就各項現實條件與文化價值做權衡。最後的結果是無論婚後幸福與否，新住民從年輕時來臺灣，在當地度過數十年歲月，都無法改變與臺灣社會緊密結合、與母國社會逐漸脫節的事實。

說來有些無奈，無論在臺灣生活幸福與否，新住民都難以回頭，只能想盡辦法努力在臺灣安居樂業。不過，也有學者觀察到移民女性展現的復原力，指出新住民積極參與學習、努力適應臺灣社會、克服各種困境以及追求幸福的特質，讓她們找到自我認同，成為家庭的依靠與親友的情感支持。當政府與民間單位不斷努力投注財力、物力，希望能營造友善、宜居的生活環境；當新住民找到自身的復原力、看見自我優勢，並善用一直以來具備的文化資本——無論是在餐飲、教育、文化或經貿活動上展現技能與特質，那她們具備的「異國情調」將成為在地文化的一種特色。也就是說，新住民在臺灣，不是要努力成為一個「非常臺灣」的臺灣人，而是散發著多元異國特質、卻又與在地和諧共生的「新臺灣人」。

俗語云「萬鳥棲息地」，意思是一個地方若陰涼舒適、森林茂密，那就會有很許多鳥兒選擇作為棲息地。換另一種說法，如果一片土地適宜居住、容易謀生、充滿人情味，那人們會移居該地，成為新一代的住民。對新住民來說，這二十餘年來，或許民眾對新住民的偏見無法瞬間扭轉，但就大環境而言，臺灣確實成為愈來愈友善的環境。如果有家人的地方就是家，那麼母國與臺灣都是新住民的家。

本書作者簡介

（按照章節順序排列）

鄭安晞

一九七二年出生於臺灣屏東，從大學時期開始喜歡登山活動，先後完成百岳六十座，曾調查過清代蘇花、八通關、關門、崑崙凹、浸水營、阿塱壹等古道，以及踏查日治時期隘勇線與理蕃道路，足跡遍佈全臺。目前在國立臺中教育大學區域與社會發展學系擔任助理教授，曾出版或合著過《瀰濃山下的時光》（二〇一六年），《原住民族歷史地圖集》（二〇一六年）、《臺灣登山史：總論》（二〇一三年）、《臺灣登山史：裝備》（二〇一三年）、《臺灣舊版地形圖選錄》（二〇一三年）、《烏來的山與人》（二〇〇九年）、《臺灣最後祕境─清代關門古道》（二〇〇〇年）等書。

蔡承豪

國立臺灣師範大學歷史學博士，金鼎獎最佳著作人。現任國立故宮博物院書畫文獻處副研究員、故宮文物月刊編輯委員。研究興趣包括臺灣史、清代檔案、博物館與漫畫等。主要著作有《臺灣番薯文化志》（與楊韻平合著）、〈清代前期臺灣府城的官署園林及遊憩空間之創建〉、〈共力新天地：日治時期高雄地區的沖繩人士群樣〉等。

盧啟明

一九八二年生於彰化，成長於澎湖、臺南。國立臺灣師範大學歷史學系碩士、博士班。臺灣神學院道學碩士。臺灣基督長老教會牧師（二〇二一年—）臺灣基督長老教會歷史檔案館主任（二〇一八年—）兼歷史委員會幹事（二〇二一年—）。目前研究方向為普世合一運動與基督教政教關係。著有《傳道報國：日治末期臺灣基督徒的身分認同（一九三七—一九四五）》及相關論文五十餘篇。

顏杏如

臺大歷史學系副教授。專長為臺灣史、日本殖民地社會文化史，關注人群移動與文化變貌。著有〈同為「改造」，各自表述——殖民地臺灣商業女性雜誌《婦人與家庭》的誕生及其女性論述（一九一九—一九二〇）〉、〈追求臺灣的「文化生活」：臺灣人新興知識分子與「生活改善」〉等論文。合著有《「帝國」在臺灣：殖民地臺灣的時空、知識與情感》。

蔡蕙頻

畢業於國立政治大學臺灣史研究所，是個吃過翻譯蒟蒻的說書人，愛說故事愛寫字；喜歡走路，熱愛旅行，最喜歡打開內建的歷史導航，在舊書、石碑或老巷弄之間穿梭古今，著有《不純情羅曼史：日治時期臺灣人的婚戀愛欲》、《好美麗株式會社：趣談日治時代粉領族》、《臺灣史不胡說：三十個關鍵詞讀懂日治》等多本臺灣文史書籍，並有多篇歷史短文散見於多個刊物。

阮氏貞（Nguyễn Bình Trân）

新住民，因婚姻遷居臺灣。二〇〇四年開始投入新住民服務、擔任廣播節目主持，二〇一八年入圍廣播金鐘獎之社區關懷節目主持人獎，致力於推廣多元文化及新住民語言。關注臺灣移民之性別、階級及族群等議題與研究，目前為國立高雄師範大學教育博士學位學程博士生。

參考文獻與延伸閱讀

第一章：臺灣原住民的移動

岩城龜彥，〈本島蕃地に於ける水田豫定地調查〉，《理蕃の友》第四卷（臺北：臺灣總督府警務局，一九三二年）。
岩城龜彥，《臺灣の蕃地開發と蕃人》（臺北：臺灣總督府警務局，一九三六年）。
林澤富，〈日據時期南投地區布農族的集團移住〉（臺南：國立成功大學歷史學系，一九九七年）。
胡曉俠，〈日治時期理蕃事業下的原住民集團移住之研究〉（桃園：中原大學建築學系碩士班，一九九五年）。
康培德，《臺灣原住民史：政策篇（一）荷西明鄭時期》（南投：國史館臺灣文獻館，二〇〇五年）。
移川子之藏、馬淵東一、宮本延人著，臺北帝國大學土俗人種學研究室編，《臺灣高砂族系統所屬の研究》（東京都：凱風社，一九八八年）。
臺灣省政府民政廳，《發展中的臺灣山地行政》（南投：臺灣省政府民政廳，一九七一年）。
鄭安晞，〈日治時期蕃地隘勇線的推進與變遷〉（臺北：國立政治大學民族學系博士論文，二〇一一年）。
鄭安晞，〈隘勇線、理蕃道路與舊社：從歷史地理學的視野與觀察〉，《原住民族文獻》第四十六期（新北：

原住民族委員會，二〇一一年），頁二三一四〇。

第二章：原鄉轉漢土

Barclay, George, Colonial Development and Population in Taiwan. Princeton: Princeton University Press, 1954.
Ramon H. Myers, "Some Reflections on Taiwan Economic History," Paper Presented at the Conference on Chinese Histroy: the Province of Taiwan, Asilomar, California, Sept. pp.24-29, 1972.
周元文，《重修臺灣府志》臺灣文獻叢刊第六六種（臺北：臺灣銀行經濟研究室，一九六〇年）。
戴寶村、溫振華，《典藏臺灣史（四）漢人社會的形成》（臺北：玉山社，二〇一九年）。
戴寶村策畫主編，《小的臺灣史》。（臺北：玉山社，二〇一二年）。
村上直次郎原譯，郭輝中譯，王詩琅、王世慶校訂，《巴達維亞城日記》第二冊（臺北：臺灣省文獻委員會，一九七〇年）。
柯志明，《熟番與奸民：清代臺灣的治理部署與抗爭政治》（臺北：國立臺灣大學出版中心，二〇二一年）。
歐陽泰（Tonio Andrade）著，鄭維中譯，《福爾摩沙如何變成臺灣府？》（臺北：遠流；曹永和文教基金會，二〇〇七年）。
臺灣總督府總督官房調查課編，《臺灣在籍漢民族鄉貫別調查》（臺北：臺灣時報發行所，一九二八年）。
臺灣銀行經濟研究室編，《清史稿臺灣資料集輯》，臺灣文獻叢刊第二四三種（臺北：臺灣銀行經濟研究室，一九六八年）。
蔡承豪，〈金光沖沖滾－烏魚炒米粉〉，「臺灣小故事一〇一－島國意象」，https://taiwanstory.naer.edu.tw/main_1_8.html。

蔡承豪，〈麻豆地區的家族與士紳階級的建立〉，收於林玉茹主編，《麻豆港街的歷史、族群與家族》（臺南縣：臺南縣政府，二〇〇九年），頁二五六—二五七。
蔡承豪、楊韻平，《臺灣番薯文化誌》（臺北：果實，二〇〇四年）。
行政院主計總處編，《中華民國一〇九年人口及住宅普查報告》（臺北：行政院主計總處，二〇二二年）。
鄭維中著，蔡耀緯譯，《海上傭兵：十七世紀東亞海域的戰爭、貿易與海上劫掠》（新北：衛城，二〇二一年）。
錢真，《羅漢門》（新北：衛城，二〇一九年）。
陳國棟，《臺灣的山海經驗》（臺北：遠流，二〇〇五年）。
陳國棟，《記憶、海洋與尋常歷史》（新北：淡江大學出版中心，二〇二〇年）。
陳紹馨，《臺灣的人口變遷與歷史變遷》（臺北：聯經出版事業公司，一九七九年）。

第三章：普世與本土的宣教腳蹤

江明珊總編輯，《舊邦維新：十九世紀臺灣社會特展》（臺南：國立臺灣歷史博物館，二〇一五年）。
吳學明，《臺灣基督長老教會研究》（臺北：宇宙光，二〇〇六年）。
李政隆，《臺灣基督教史》（臺北：天恩，二〇〇一年）。
編輯小組，《認識臺灣基督長老教會》（臺北：使徒，二〇一四年）。
鄭仰恩，《定根本土的臺灣基督教》（臺南：人光，二〇〇五年）。
鄭連明主編，《臺灣基督長老教會百年史》（臺南：臺灣教會公報社，一九六五年）。
盧世祥，《臺灣的恩人群像錄》（臺北：允晨文化，二〇一八年）。

盧俊義，《這些人，這些事：用生命疼惜臺灣的「愛的守護者」》（臺北：啟示，二〇一八年）。

第四章：在臺日本人的故鄉意識

皮耶諾哈（Pierre Nora）等著，戴麗娟譯，《記憶所繫之處》（臺北：行人，二〇一二年）。
石井清輝著、蔡蕙頻譯，〈日治時期歷史建築的價值生成與「日本的定位」〉，收於所澤潤，林初梅主編；林初梅監譯，《戰後臺灣的日本記憶：重返再現戰後的時空》（臺北：允晨文化，二〇一七年），頁二六九—三〇六。
成田龍一，《「故郷」という物語——都市空間の歴史学》（東京：吉川弘文館，一九九八年）。
松田ヒロ子，〈「故郷」としての台湾——台北市青田街のコミュニティ活動と植民地の記憶〉，《アジア遊学145帝国崩　とひとの再移動——引揚げ、送還 そして残留》（東京：誠勉出版，二〇一一年九月），頁一七〇—一八〇。
林初梅，〈灣生日本人同窗會及其臺灣母校——日本引揚者故鄉意識與臺灣人鄉土意識所交織的學校記憶〉，收於所澤潤，林初梅主編；林初梅監譯，《戰後臺灣的日本記憶：重返再現戰後的時空》，頁三〇七—三五九。
邱函妮，《灣生・風土・立石鐵臣》（臺北：雄獅，二〇〇四年）。
張素玢，《未竟的殖民：日本在臺移民村》（新北：衛城，二〇一七年）。
華樂瑞（Watt, Lori），《當帝國回到家：戰後日本的遣返與重整》（新北：遠足，二〇一八年）。
顏杏如，〈日治時期在臺日人的植櫻與櫻花意象：「內地」風景的發現、移植與櫻花論述〉，中央研究院臺灣史研究所，《臺灣史研究》，第十四卷第三期，二〇〇七年九月，頁九七—一三八。

顏杏如，〈流轉的故鄉之影：殖民地經驗下在台日人的故鄉意識、建構與轉折〉，收入若林正丈、松永正義、薛化元主編，《跨域青年學者臺灣史研究論集》（臺北：稻鄉出版，二〇〇八年），頁一七三—二一七。
顏杏如，〈從「常夏」到「四季」——日治時期在臺俳人眼中的季節感與生活寫實（一八九五—一九三六）〉，臺灣文學研究集刊編輯委員會，《臺灣文學研究集刊》第十五期，二〇一四年二月，頁四一—八四。
顏杏如，〈歌人尾崎孝子的移動與殖民地經驗：在新女性思潮中航向夢想的「中間層」〉，中央研究院臺灣史研究所，《臺灣史研究》第二十卷第二期，二〇一六年六月，頁六五—一一〇。

第五章：臺灣萬里真吾鄉

小野，《從異鄉到家鄉：外省人影像文物展》（臺北：臺北二二八紀念館，二〇〇〇年）。
內政部，《中華民國六十七年內政統計提要》（臺北：內政部，出版年不詳）。
朱天心，《想我眷村的兄弟們》（台北：希代，一九八六年）。
李廣均等著，《離與苦：戰爭的延續》（臺北：群學，二〇一〇年）。
尚道明等著，《國家與認同：一些外省人的觀點》（臺北：群學，二〇一〇年）。
青夷選編，《我從眷村來》（臺北：希代，一九八六年）。
孫啟元，《眷村小子外省掛》（臺北：聯合發行，二〇一六年）。
高格孚，《風和日暖：台灣外省人與國家認同的轉變》（臺北：允晨，二〇〇四年）。
楊放採訪整理，《落地生根：眷村人物與經驗》（臺北：允晨，一九九六年）。
葉高華，〈從解密檔案重估二戰後移入臺灣的外省籍人數〉，《臺灣史研究》二八：三（二〇二一年九月），頁二二一—二二九。

臺灣獨立協進會編，《外省人・臺灣心》（臺北：前衛，一九九二年）。

銓敘部，《中華民國銓敘統計》（臺北：銓敘部，一九七六年七月）。

薛繼光等，《鄉關處處：外省人返鄉探親照片故事書》（臺北：印刻，二〇〇八年）。

第六章：日久臺灣是故鄉

《四方報》

《你不孤單》

《南國一家親》

「一一一學年度各級學校新住民子女就學概況」，教育部。https://stats.moe.gov.tw/files/analysis/111_son_of_foreign.pdf（檢索日期：二〇二四年五月九日）。

「阿翰扮『阮月嬌』拍中元廣告 賣場突下架……網友錯愕」，TVBS新聞，https://www.youtube.com/watch?v=EwYKX6jBhKg，（檢索日期：二〇二四年六月二十五日）。

「柯文哲又失言 稱北市已『進口』三十萬外籍新娘」，自由時報，https://news.ltn.com.tw/news/politics/breakingnews/1250399（檢索日期：二〇二四年七月四日）。

「統計資料：外籍配偶（含大陸、港澳地區人民）」，內政部移民署全球資訊網，https://www.immigration.gov.tw/5385/7344/7350/8887/?alias=settledown（檢索日期：二〇二四年六月二十五日）。

「新住民打造多元文化社會」，內政部移民署全球資訊網，https://www.immigration.gov.tw/5385/7344/70395/143257/（檢索日期：二〇二四年五月九日）。

「驚爆『越南新娘搶破頭嫁臺男』內幕！萬華越配揭『跨國婚姻殘酷真相』」，中時新聞網，https://today.line.me/tw/v2/article/yzgk09E（檢索日期：二〇二四年七月四日）。

Bretell, C. B. (2017). Marriage and Migration. *Annual Review of Anthropology*, 46(1), 81–97.

二〇二四年六月二十五日）。

田晶瑩、王宏仁，〈男性氣魄與可「娶」的跨國婚姻：為何臺灣男子要與越南女子結婚？〉，《臺灣東南亞學刊》（二〇〇六年），第三卷第一期，頁三一—三六。

吳瓊洳、蔡明昌，〈新住民雙重文化認同與生活適應之研究〉，《嘉大教育研究學刊》（二〇一七年），第三十九期，頁一—三二。

吳瓊洳吳、王以仁、蔡明昌、謝文軒。新住民及其子女雙重文化認同及其影響之研究。內政部外籍配偶照顧輔導基金補助研究報告，國立嘉義大學，https://ifi.immigration.gov.tw/wSite/public/Data/f1592642409142.pdf（檢索日期：二〇二四年七月四日）。

阮氏貞，《越南移民女性按摩師從業歷程與污名管理》（碩士論文，國立中山大學，二〇一八年）。

官有垣、杜承嶸，〈從非營利組織與政府的互動觀點審視臺灣社會福利民營化發展〉，《社區發展季刊》（二〇〇九年）第一六六期，頁二八—四一。

社團法人高雄市移民文化教育服務協會、國立高雄師範大學東南亞暨南亞研究中心，《為愛走天涯：男性新住民雙語故事書》，二〇二二年。

金知慧者，王品涵譯，《善良的歧視主義者》（臺北，臺灣東販，二〇二四年）。

柯妧青，〈從壓迫到解放：南洋新移民女性自拍影片〉，《臺灣教育社會學研究》（二〇一五年），第十五卷第一期，頁八九—一三一。

范玄英，《歸零」與「反轉」——臺灣移民政策變遷下一位越南女醫師婚姻移民之自我敘說》（碩士論文，國立高雄師範大學，二〇二三年）。

夏曉鵑，〈資本國際化下的國際婚姻——以臺灣的「外籍新娘」現象為例〉，《臺灣社會研究地勘》，第三十九期（二〇〇〇年），頁四五—九二。

高夫曼（Erving Goffman）著，曾凡慈譯，《污名：管理受損身分的筆記》（臺北：群學，二〇一〇年）。

張玉茹、林志忠，「新住民婚姻教育的現況、特色、困境與需求之研究」，新住民發展基金補助研究報告，移民署，https://ifi.immigration.gov.tw/wSite/public/Data/f1592796042363.pdf（檢索日期：二〇二四年七月四日）。

張智雅、曾薔霓，〈臺灣新移民女性配偶社會　與之研究〉，《嘉南學報》（二〇一一年），第三十七期，頁四一六—四三〇。

梁蕙芳、黃惠珍、張雅玟，〈新住民及在地台灣人的社會知覺文化差異經驗與因應策略之研究〉，新住民發展基金補助研究報告，長庚學校財團法人長庚科技大學，https://ifi.immigration.gov.tw/wSite/public/Data/f1592623440488.pdf（檢索日期：檢索日期：二〇二四年七月四日）。

陳宜珍，《經濟弱勢女性單親就業歷程與經驗——雙系統論觀點之分析》（博士論文，國立暨南國際大學，二〇一四年）。

陳芬苓，我國外籍配偶弱勢情境分析之研究期末報告，一〇二年度外籍配偶照顧輔導基金補助研究計畫案，https://ifi.immigration.gov.tw/wSite/public/Data/f1592791466350.pdf（檢索日期：二〇二四年七月四日）。

勞動部勞動統計查詢網。https://statfy.mol.gov.tw/index12.aspx。

程啟峰，「外配正名 謝立功：統稱新住民」，中央社，https://tw.news.yahoo.com/外配正名-謝立功-統稱新住民-092210316.html（檢索日期：二〇二四年六月二十五日）。
黃富順、許籐繼、歐亞美、吳淑娟，「全國新住民火炬計畫成效評估研究」，內政部入出國及移民署委託研究報告，中華民國成人及終身教育學會，https://ifi.immigration.gov.tw/wSite/public/Data/f1592640908647.pdf（檢索日期：二〇二四年五月九日）。
楊文山、林佳瑩、楊雅惠、彭佳玲等，《一〇七年新住民生活需求調查報告》（臺北：內政部移民署，二〇二〇年）。
楊靜利、黃奕綺、蔡宏政、王香蘋等，〈臺灣外籍配偶與本籍配偶的生育數量與品質〉，《人文及社會科學集刊》（二〇一二年），第二十四卷第一期，頁八三—一二〇。
楊讚榮、阮氏貞、陳彥嘉、洪淑惠主編，《進得來留得住多元友善價值的城市一一二年度新住民生命故事》（高雄：社團法人高雄市移民文化教育服務協會，二〇二三年）。
葉郁菁，《家庭社會學：婚姻移民人權的推動與實踐》，（臺北：巨流，二〇一七年）。
葛祐豪，「又失言！韓國瑜談臺灣人才流失：鳳凰都飛走了，進來一大堆雞」，自由時報，https://news.ltn.com.tw/news/politics/breakingnews/2899704（檢索日期：二〇二四年七月四日）。
蔣琬斯、游美惠、王紫菡、諶淑婷、阮氏貞等編，《給家一個擁抱：認識多元型態家庭學習手冊》（臺北：教育部，二〇二二年），頁三二—四八。
龍煒璿、李丹鳳、張育華，〈左異聲響：誰是合格的婚姻移民〉，《臺灣社會研究季刊》（二〇二〇年），第一一五期，頁三一一—三三三。
戴世玫、歐雅雯，《新住民社會工作》，（臺北，洪葉文化。二〇一七年）。
藍佩嘉，《跨國灰姑娘：當東南亞幫傭遇上臺灣新富家庭》，（臺北：行人，二〇〇八年）。

Belong 17

家是動詞：臺灣族群遷徙故事

作者——鄭安晞、蔡承豪、盧啟明、顏杏如、蔡蕙頻、阮氏貞
副總編輯——洪仕翰
責任編輯——宋繼昕
行銷總監——陳雅雯
行銷——趙鴻祐、張偉豪、張詠晶
封面設計——Bianco Tsai
排版——宸遠彩藝

出版——衛城出版／左岸文化事業有限公司
發行——遠足文化事業股份有限公司（讀書共和國出版集團）
地址——二三一四一　新北市新店區民權路一〇八—三號八樓
電話——〇二-二二一八一四一七
傳真——〇二-二二一八〇七二七
客服專線——〇八〇〇-二二一〇二九
法律顧問——華洋法律事務所蘇文生律師
印刷——呈靖彩藝有限公司
初版一刷——二〇二四年九月
定價——四二〇元

國家圖書館出版品預行編目資料

家是動詞：臺灣族群遷徙故事/鄭安晞, 蔡承豪, 盧啟明, 顏杏如, 蔡蕙頻,
阮氏貞著. -- 初版. -- 新北市：衛城出版, 左岸文化事業有限公司出版：
遠足文化事業股份有限公司發行, 2024.09
面；　公分. -- (Belong ; 17)
ISBN 978-626-7376-67-6(平裝)

1.CST: 族群　2.CST: 遷移　3.CST: 臺灣史

733.21　　113011160

ISBN：9786267376676（紙本）
ISBN：9786267376645（PDF）
ISBN：9786267376652（EPUB）

ACRO POLIS 衛城

EMAIL　acropolismde@gmail.com
FACEBOOK　www.facebook.com/acrolispublish